TEMPLES

ANCIENS ET MODERNES.

PREMIÈRE PARTIE.

AVIS AU RELIEUR,

Pour placer les Planches.

TEMPLES ANCIENS ET MODERNES;

OU

OBSERVATIONS HISTORIQUES ET CRITIQUES

SUR LES PLUS CÉLÈBRES MONUMENS D'ARCHITECTURE GRECQUE ET GOTHIQUE.

PAR M. L. M.

A LONDRES;

Et se trouve A PARIS,

Chez MUSIER, fils, Libraire.

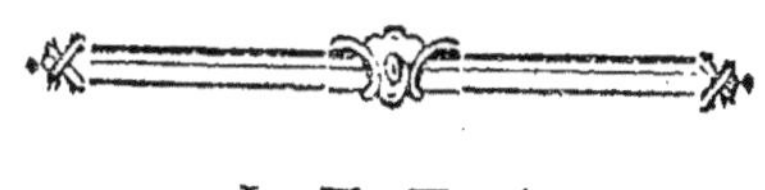

1774.

A
M. GUYS,
NÉGOCIANT,
DE L'ACADÉMIE DE MARSEILLE.

MONSIEUR,

C'EST au ſage Citoyen, c'eſt à l'Amateur éclairé, c'eſt à l'Au-

teur du Voyage Littéraire de la Grèce, *que je dédie mon Ouvrage. Ce foible tribut de l'amitié, de l'estime & de la reconnoissance, apprendra à tous ceux qui ont le bonheur de vous connoître, que j'ai, comme eux, celui de jouir de la douceur de vos Mœurs, de sçavoir goûter vos talens, & de sentir le plaisir de lire un bon Livre. Je deviendrai leur ami, puisque je suis le vôtre; & dès-lors mon travail aura eu pour moi le plus heureux ſuccès.*

Puissent, MONSIEUR, *les objets que je vous préſente mériter votre attention ; puiſſent-ils frapper agréablement des yeux accoutumés aux merveilles de l'ancienne Grèce & de la moderne Italie ; puiſſe votre ſagacité, exercée à percer les voiles de l'Antiquité & à rapprocher les ſiècles, en comparant les Mœurs, ne voir, dans mes Obſervations, que ce qu'on trouve dans les vôtres, le vrai, l'agréable & l'utile.*

Je ſuis,

MONSIEUR,

Votre très-humble
& très-obéiſſant
ſerviteur, L. M.

PRÉFACE.

LES Obſervations que je préſente ici aux Amateurs des Arts & de l'Antiquité, ont mérité le ſuffrage de quelques Artiſtes des plus diſtingués, qui ſe ſont joints à mes Amis, pour me déterminer à en donner le Recueil complet. Je cède à leurs conſeils, ſans autre motif que celui d'une louable déférence à leur amitié & à leurs lumières; ſans autre prétention, que celle d'occuper par une lecture de quelques heures, ceux qui ont un peu de goût pour l'Architecture.

On ne commande point l'indulgence au Public; mais il est permis de produire les titres qui servent à concilier sa confiance; &, au moins à cet égard, il n'y a ni présomption, ni bassesse à vouloir le prévenir en faveur de ce qu'on lui présente. Ces Observations ont été le sujet d'une correspondance réelle avec un Sçavant, à qui nulle espèce de littérature n'étoit étrangère. Elles n'ont pas été écrites dans un Cabinet placé à deux ou trois cens lieues des objets dont elles traitent, ni d'après la seule inspection des dessins qui les représentent. J'ai fait un aſſez long ſéjour à Rome, pour avoir le tems & les moyens d'examiner à fond la plupart des monumens Antiques dont je parle. Un goût aſſez vif pour ces ſortes de monumens a excité ma curioſité; mais cette curioſité n'a été ni entraînée par la précipitation, ni ſéduite par l'enthouſiaſme. On pourroit dire mieux que moi, mais on ne me pourra reprocher que j'en impoſe; & je prends hardiment pour garans de mon exactitude, tous les Voyageurs inſtruits, déſintéreſſés & accoutumés à bien voir, qui ont conſidéré, par eux-mêmes, les reſtes majeſtueux de l'ancienne Capitale de l'univers.

Parmi cette multitude de monumens

qui firent l'admiration des ſiècles paſſés, & dont il ne ſubſiſte aujourd'hui que des deſcriptions ou des ruines, je me ſuis d'abord attaché aux Temples des Dieux ; objets mépriſables, enviſagés du côté de leur deſtination ſous le règne de l'Idolatrie ; mais objets intéreſſans dès qu'on en examine la ſtructure ; objets dignes ſur-tout de la curioſité des vrais Amateurs, qui ne doivent jamais admirer ce qu'ils ne connoiſſent qu'imparfaitement, moins encore prononcer d'après un préjugé vulgaire. Les anciens Temples entrent pour beaucoup dans l'Hiſtoire de l'Architecture, & l'on ne peut aimer ce bel Art, ſans aimer auſſi à connoître les monumens où il déploya ſouvent le plus de majeſté & de richeſſes. Je ſçais que je n'en parlerai qu'après beaucoup d'autres, mais en traitant la même matière qu'eux, je la reſtraindrai. Je n'examinerai ni l'origine, ni l'antiquité des Temples ; leurs ornemens même n'entreront que par occaſion dans ce que j'en dirai. Leur grandeur ſeule m'occupera, & je me bornerai à fixer un peu les idées ſur leurs dimenſions les plus ordinaires.

Comme j'ai été témoin des réparations faites il y a quelques années au Panthéon d'Agrippa, je me ſuis permis d'être d'un avis contraire à celui de quelques Amateurs un peu ardens qui les ont blâmées. Dix-huit ans écoulés depuis ces réparations rendent aujourd'hui le ſujet moins piquant ; mais lié à l'Hiſtoire de l'Architecture en général, ce ſujet fournit d'utiles Obſervations ſur celle des Temples en particulier, & dès-lors il ne doit point paroître déplacé dans un Ouvrage comme celui-ci.

Après avoir parlé des Temples des Anciens pris du côté de leur grandeur & de leur ſtructure, il eſt aſſez naturel que je parle auſſi de nos Egliſes. Pendant long-tems elles n'eurent ni l'élégance, ni la richeſſe des Temples Antiques. Ce n'eſt point dans celles qui ont été conſtruites avant la fin du quinzième ſiècle, qu'il faut chercher des modèles de proportions & d'ornemens; mais les changemens qu'ont éprouvé leur forme & leur décoration, m'ont paru mériter une attention particulière. Il en eſt parmi elles que l'on mépriſe trop, & qui gagnent beaucoup à être examinées ſans prévention.

J'ai délibéré quelque-tems, ſi je parlerois de Saint-Pierre de Rome. Tant d'Ouvrages préſentent des deſcriptions bonnes ou mauvaiſes, que je ne pouvois que répéter ſans rien dire de nouveau; j'avois quelque peine à prendre le ton, à faire l'office d'un ſimple *Cicerone* (1). Pour

---

(1) A Rome on appelle *Cicerone* tout hom-

donner quelque chose de mieux entendu qu'une sèche Nomenclature de Statues & de Tableaux, il faudroit des talens que je n'ai pas, il faudroit un Volume entier d'Estampes; parce que Saint-Pierre de Rome n'est point un Temple, dont toutes les beautés se saisissent après une description de quelques lignes. Les détails en sont infinis; & les

---

me qui fait métier de montrer, & d'expliquer aux Etrangers les Curiosités Antiques & Modernes. Pour deux *Jules* par jour, il débite autant de faussetés & de traditions populaires que l'on veut. Combien d'inepties racontées, ou imprimées dans des *Voyages d'Italie* sur l'autorité de pareils Antiquaires! L'ouvrage de M. l'Abbé Richard ne seroit pas aussi estimable qu'il l'est, s'il n'avoit vu que par leurs yeux les monumens de Rome.

détails ne causent que de l'embarras, si la Gravure ne met en état de les suivre sans les confondre (1).

Cependant, pour remplir, au moins à moitié, l'espèce d'engagement que m'impose le titre de ce petit Ouvrage, je donnerai, non pas la description complette de la Basilique du Vatican, mais l'histoire

---

(1) Je ne puis rien indiquer de plus ample & de plus satisfaisant sur la partie *Architectonique* de Saint-Pierre de Rome, que l'Ouvrage publié en 1763, par M. Dumont, Professeur d'Architecture sous ce titre : *Détail des plus intéressantes parties de la Basilique de Saint-Pierre de Rome levées & dessinées sur les lieux*. Cet Ouvrage est de main de Maître & digne de la réputation méritée de l'Auteur. La netteté & la propreté de la Gravure y répondent à l'exactitude du Dessin.

de ſa conſtruction, partie plus ignorée des Amateurs & des Voyageurs. Cette hiſtoire ne ſera que l'abrégé de celle qu'en firent, dans le denier ſiècle, le Chevalier Carle Fontana, & le P. Bonani, Auteur moins Architecte que le premier, mais d'une meilleure Critique. Leurs Ouvrages, fruits d'un pays étranger, ne ſe trouvent guères que dans quelques-unes de nos grandes Bibliothèques ; ce ſont des *in-folio* : ils ſont écrits en Italien & en Latin, trois raiſons dont une ſeule ſuffit, pour juſtifier le peu de connoiſſance qu'on en a. Je crois donc faire plaiſir aux Littérateurs & aux Hommes de goût, en leur préſentant quelques Notices hiſtoriques ſur un monument qui tiendra toujours la première place dans l'Hiſtoire générale de l'Architecture.

Je dois le fond du dernier morceau de ce Recueil à une Diſſertation Latine publiée à Rome en 1589, ſous ce titre : *Petri Angeli Bargæi, de Veris Urbis Romæ everſoribus Epiſtola.* Mais je lui ai donné une tournure plus analogue à notre façon de diſſerter ; j'y ai joint de nouvelles Obſervations, qui rendent encore plus plauſible l'opinion de l'Auteur Italien.

Je n'ajoute plus qu'un mot. Autant il y auroit de ma part d'imprudence & de témérité à donner pour des Oracles & des préceptes ce que j'avancerai en parlant d'un

Art que je n'exerce pas ; autant il y auroit d'injuſtice aux *Virtuoſes* à trouver toutes mes raiſons mauvaiſes, préciſément par ce que je n'ai conſtruit ni Temple, ni Palais.

TEMPLES

TEMPLES ANCIENS ET MODERNES.

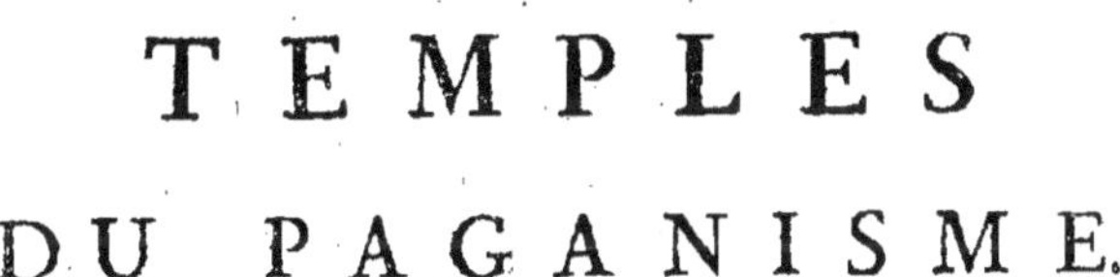

TEMPLES DU PAGANISME.

ARTICLE PREMIER.

A la vue de nos Temples, sur-tout de ceux qui ont le plus de célébrité, on se demande s'ils valent les Temples du Paganiſme, & l'idée que l'on a des anciens dictant la réponſe, il eſt rare qu'on ne décide point en faveur de l'antique. J'avoue qu'on ne riſque guères de ſe tromper, en ſuppoſant aux anciens Temples plus de magnificence & de richeſſe que n'en a le commun des nôtres hors de l'Italie, & nous devons rougir que la ſuperſtition ait été plus généreuſe que la vraie Religion. Mais je crois qu'on ſe trompe en donnant, du côté de la capacité ou de la grandeur, la préférence à l'antique ſur le moderne.

On a oui parler des Temples de Jupiter Olympien, de Diane à Ephèſe, de Sérapis, &c. & pleins des merveilles qu'en ont racontées les Hiſtoriens, on attribue la célébrité de ces édifices autant à leur capacité, qu'à leur richeſſe. Ils étoient vaſtes ſans doute ; mais en inférer que tous les autres avoient les mêmes dimenſions, c'eſt une erreur de l'imagination qui ajoute au moins les deux tiers à la réalité. Pour ſçavoir à quoi s'en tenir ; diſtinguons deux ſortes de Temples. Cette diſtinction, je ne l'établis point en Architecte ſur la forme de l'édifice, ſur le plus ou le moins de modules donnés à l'entre-colonnement, ce qui le rend ou *Pygnoſtyle* ou *Diaſtyle*, (1) &c. je la prends de ſa ſituation dans les Villes ou hors des Villes. Donnons notre première attention à celle-ci.

A la ſuite du plus habile Voyageur de l'Antiquité (2), je parcours les campagnes de la Grèce, du Peloponèſe, des Iſles adjacentes. De tous côtés, j'apperçois de petits édifices, qu'on me dit être des Temples. Les uns ſont à moitié ruinés; les autres encore en bon état, n'ont rien qui les diſtingue d'une maiſon profane: point d'ornemens extérieurs, tous à-peu-près ſont de brique. Il y en a qui ne ſont compoſés que de lauriers, dont les branches entrelacées forment une enceinte étroite, au milieu de laquelle eſt la Statue du Dieu qu'on y adore. Ceux-ci ſont ſans toît, ou parce qu'il n'a pas plû à l'Architecte de leur en donner, ou parce que le tems les

---

(1) L'ordonnance Pygnoſtyle étoit celle où l'entre-colonnement n'avoit qu'un diamètre & demi de la colonne. Trois diamètres rendoient l'ordonnance Diaſtyle.

(2) Pauſanias.

a détruits ; ceux-là n'ont qu'un toît de chaume ; les plus magnifiques ſont couverts d'une voûte, ou d'un plafond orné de quelques Peintures & d'une Sculpture légère. Je les trouve quelquefois entourés d'un boſquet, ou conſacré par la ſuperſtition, ou uniquement deſtiné à donner de l'ombre à ceux qu'elle amène aux pieds de l'idole : une fontaine, un ruiſſeau que la nature y a placés, & qu'on n'a pas manqué de diviniſer, fourniſſent au Pélerin altéré de quoi étancher ſa ſoif. Du reſte, les environs ſont déſerts, ou habités tout au plus par quelques Hiérophantes chargés de faire l'hiſtoire du monument, & d'amuſer par des Fables le Voyageur curieux.

Ce n'eſt donc point dans ces édifices qu'il faut chercher la grandeur des Temples de la Grèce. Les Romains en conſtruiſirent auſſi dans les campagnes, mais en beaucoup plus petit nombre que les Grecs ; leur hiſtoire avoit moins de merveilleux. Preſque tous les Dieux de l'Olympe, de la Terre & des Enfers étoient nés chez ces derniers ; les premiers Héros du monde étoient Grecs, il n'étoit aucun Canton de l'Attique, de la Theſſalie, &c. où il ne ſe fût opéré quelque métamorphose, qui n'eût été le théâtre de quelque combat divin. Ces prérogatives, en étendant la superstition, devoient multiplier les monumens propres à l'annoncer. Mais les Romains imitateurs des Grecs, & formés par eux dans les Arts, ne donnèrent pas plus d'étendue que leurs Maîtres à ces Temples isolés. Il en subsiste encore des ruines en plusieurs endroits, & les plans qu'en ont levés quelques Architectes modernes, ne présentent que d'élégantes compositions, dont un coup-d'œil saisit les dimensions, & apperçoit, en un instant, toutes les parties.

On dira peut-être que je donne le nom de Temple à des édifices qui ne le portoient pas, & qui n'étoient point regardés comme des Temples proprement dits. Sans entrer dans des discussions sur la signification exacte & précise de *Templum*, *Delubrum*, *Ædes*, *Fanum*, *&c.* il me suffit que les édifices dont je parle fussent sacrés & publics, qu'on y vît des Statues, des Autels, des Trépieds. Je ne trouve rien de plus pour l'essentiel des cérémonies communes dans les plus vastes Temples d'Athènes & de Corinthe : ceux-ci sont plus grands, mais les autres n'en sont pas moins des

Temples par leur objet & leur uſage. Enfin, ſi l'on ne veut comprendre ſous le nom de Temples que ceux dont les dimenſions ſe déſignoient par arpens ou par ſtades, il faudra convenir que Rome, malgré ſa prodigieuſe étendue, quoique la Ville de tous les Dieux, n'avoit que trois ou quatre Temples, celui de Jupiter Capitolin, celui de la Paix & le Panthéon. Ce ſont les ſeuls qui fuſſent d'une grandeur beaucoup au-deſſus de l'ordinaire. L'on ne donne au Panthéon que cent quarante-quatre pieds de diamètre. Le tems a épargné le Temple de la *Fortune Virile*, & celui de *Veſta*; l'un eſt quarré-long, l'autre eſt ſphérique, & pour ſe former une juſte idée de leur grandeur, il ſuffit de ſçavoir que tous les deux n'occupent pas autant de ſuperficie que le Panthéon.

Si les anciens Architectes n'avoient eu à conſtruire que de pareils morceaux, ils auroient pu y montrer du goût & de la délicateſſe; mais le génie n'eût point trouvé à s'y développer. Nous ſçavons juſqu'où alloit leur imagination & leur hardieſſe dans certains édifices profanes, tels que les Théâtres, les Thermes, les Baſiliques. C'eſt en examinant les Temples des

Villes qu'il faut voir, si, pour les Dieux, ils travaillerent en grand, comme pour les hommes. Pour cela, il n'est pas nécessaire d'entrer dans des détails de toises & de pieds, de comparer les longueurs & les largeurs. On l'entreprendroit même assez inutilement, puisqu'il est très-peu d'anciens Temples dont les Historiens nous aient marqué les dimensions principales. D'ailleurs, ceux dont ils parlent passoient pour des merveilles, & ce n'est point d'après eux qu'il faut juger des autres. J'en dirai cependant un mot.

Presque tous les Antiquaires qui ont fait mention des anciens Temples, se sont plus attachés à peindre leur magnificence qu'à fixer leur étendue. Dans ce qu'ils en ont dit, je crois trouver deux défauts de précision, d'où naît la fausse idée que l'on se fait des monumens sacrés d'Athènes & de l'ancienne Rome. Ils appliquent à tous les Temples en général ce qui n'appartenoit qu'à quelques Temples particuliers; ils ne distinguent pas assez ce qui constituoit le Temple proprement dit de ce qui n'en étoit que l'accessoire.

Première source des

Consultez sur les Temples du Paganisme ceux qui ont travaillé à nous en don-

préjugés ſur la grandeur des Temples du Paganiſme.

ner quelque idée, ils vous diront qu'au-devant de ces Temples, il y avoit toujours une grande place appellée *Area* (Aire), occupée par les Marchands qui vendoient les denrées néceſſaires aux ſacrifices, aux offrandes, aux libations; qu'enſuite étoit une fontaine deſtinée à purifier les Sacrificateurs & les victimes: que de l'aire, on paſſoit dans une cour *(Atrium)* entourée de portiques; de cette cour dans un veſtibule, du veſtibule dans le corps du bâtiment (*Cella*) où étoient les Dieux, les autels, les Candélabres, &c. que cette *Cella* avoit trois parties principales, la *Baſilique* répondant à ce que nous appellons nef, *l'Adytum* qui répond à notre ſanctuaire, & la *Tribune*, ou rond-point de nos Egliſes, où étoit la Statue du Dieu dont le Temple portoit le nom. Ils parlent encore du *Penetrale*, du *Sacrarium*, & ſont aſſez embarraſſés à diſtribuer ces différentes pièces. Quoiqu'il en ſoit, voilà une deſcription qui ſuppoſe bien du terrein occupé; ſur-tout, les rapports que l'on donne aux différentes parties de la *Cella*, avec celles de nos plus grandes Egliſes, laiſſent dans l'eſprit l'image d'un édifice ſpacieux. Mais cette deſcription eſt faite d'après le

Temple de Diane à Ephèse ou de Sérapis ; elle ne convient point à tous les Temples : tous n'avoient ni ces places, ni ces portiques, ni ces vestibules, qu'on nous représente comme nécessaires à leur composition. Les trouvoit-on, par exemple, aux soixante Temples qui étoient sur le Capitole ; celui de Jupiter Capitolin occupant déja une bonne partie du terrein, & la Basilique de Saint Pierre couvrant aujourd'hui elle seule autant de surface qu'en a ce fameux Tertre ? Les trouvoit-on à ceux qui entouroient la moitié du *Forum Romanum*, où il y avoit outre cela des Basiliques, des Rostres, des Arcs de Triomphe, des Statues équestres, des Fontaines qui resserroient l'espace ? Quelques-uns avoient tout au plus un petit portique à deux, quatre ou six colonnes ; les autres pouvoient être riches en Peintures & en Sculptures, mais l'extérieur étoit sans cet appareil qui demande un grand terrein pour avoir de la majesté, & qui tombe dans le mesquin, dès qu'on le traite en petites proportions.

L'ancienne Rome avoit une étendue immense, mais vu la quantité aussi immense de Temples qu'elle renfermoit dans ſon enceinte; il faudroit lui ſuppoſer une grandeur double de ce qu'elle étoit, ſi tous les Temples avoient été accompagnés de places, de veſtibules, &c. Croit-on que la ſuperſtition, ſans bornes dans les objets de ſon culte, n'en connût point dans les dépenſes auxquelles l'engageoit la multiplicité de ſes Dieux ? l'économie eut autant de part que la commodité, à l'invention du *Pſeudodiptere* par Hermogène (1). Il eſt sûr que pendant les ſix premiers ſiècles de Rome; les Temples ne furent ni plus grands, ni plus magnifiques que les maiſons des Citoyens, leſquelles n'avoient qu'un étage; & c'eſt à la pauvreté des Romains qu'il faut attribuer

(1) On appelloit *aile* tout ſimplement, le portique qui régnoit en-dehors le long du Temple, & qui étoit formé par un ſeul rang de colonnes. Quand il y en avoit deux, le Temple étoit cenſé avoir une double aile, & il prenoit la dénomination de *Diptere*. Hermogène imagina de retrancher de cette double aile le rang intérieur de colonnes qui la formoit, en donnant cependant au portique la même largeur qu'il auroit eue, ſi ce rang de colonnes eût exiſté. On appella cette eſpece de Temple *Pſeudodiptere*, c'eſt-à-dire, *faux Diptere*.

cette égalité entre les édifices ſacrés & les habitations des particuliers. Tel fut au moins l'état des choſes avant les conquêtes des Romains dans la Grèce. En 662 de Rome, dit Pline, on ne voyoit encore de colonnes de marbre dans aucun édifice public; & c'eſt dans ce ſiècle que le Temple de Jupiter *Férétrien* n'avoit que quinze pieds de long. La fortune étoit une des Déeſſes les plus honorées des Romains; le culte de Veſta étoit des plus ſacrés, datoit de l'origine de la Nation; & ce que j'ai dit plus haut des Temples de ces deux Divinités, doit arrêter l'eſſor de l'imagination, ſur leur étendue, dans ceux qui ne les ont point vus.

ARTICLE II.

Temples du Paganisme.

La révolution dans le Gouvernement ſous Jules-Céſar en occaſionna une générale dans les Arts, qui juſqu'alors n'avoient occupé que quelques riches Citoyens tels que Craſſus, Lucullus, Pompée, &c. Les Temples des Dieux furent les premiers édifices publics où la magnificence ſuccéda à la meſquinerie, où la brique fut revêtue de marbre, où l'Architecture ſe montra avec cette majeſté qu'elle avoit dans la Grèce; mais en devenant plus magnifiques & plus riches, les Temples n'en devinrent pas beaucoup plus grands. On ſe borna à décorer les anciens; les nouveaux, conſtruits ſur des plans un peu plus étendus, ne furent jamais ce que l'on appelle de vaſtes bâtimens, la raiſon, indépendamment d'un eſpece d'uſage, étoit que les Princes, en même-tems qu'ils bâtiſſoient pour les Dieux, travailloient auſſi pour le public & pour eux-mêmes. Ils étendoient leurs palais, ils élevoient des Acqueducs au centre de Rome, ils construisoient des places publiques, des Thermes, des Basiliques. Si au milieu de tout cela chaque Temple avoit eu seulement les dimensions du Panthéon, tous les accompagnemens du Temple de Jupiter Capitolin, rapprochés l'un de l'autre, ils auroient presque rempli seuls l'enceinte de Rome telle qu'on la voit aujourd'hui.

D'ailleurs, en construisant un nouveau Temple; combien de fois ne mit-on point à profit, pour sa décoration, les édifices qui l'environnoient. Le Sénat décerne un Temple à Antonin & à Faustine : l'emplacement est marqué dans *Via Sacra* (1), une des plus fréquentées de l'ancienne Rome; parce qu'elle communiquoit du palais des Empereurs au Capitole. Le public souffrira de ce monument, si le passage est intercepté par une multitude d'édifices uniquement à l'usage du Temple. Que fait-on ? on construit un corps de bâtiment d'environ trente pieds de long. Dix colonnes de marbre, six de face & deux en retour sur chaque côté forment un

Temple de Faustine.

(1) Rue sacrée.

portique d'une médiocre profondeur. Quelques maisons abattues vis-à-vis, lui donnent vue sur le (1) *Forum Romanum* dont les colonnades se raccordent avec celles du nouveau Temple, augmentent sa majesté, & en reçoivent à leur tour un nouvel ornement. A la vue du monument qui existe encore en grande partie, en rapprochant sur ceux qui l'environnoient les conjectures les plus plausibles, on ne peut pas supposer que le Temple de Faustine ait jamais eu plus d'étendue qu'on ne lui en voit aujourd'hui. Ainsi après la Bataille de Pharsale, Jules-César fit ériger le Temple de *Venus Genitrix* au milieu du *Forum* construit par ses ordres, lorsqu'il étoit encore dans les Gaules. Ainsi l'Empereur Adrien plaça sur le *Forum Trajanum* le monument de sa reconnoissance envers son Prédécesseur.

---

(1) Le *Forum Romanum* étoit la plus ancienne & la plus vaste place publique de Rome. Là, se tenoient les grandes assemblées du peuple, avant qu'Agrippa eût fait étendre les *Septes* du Champ de Mars. La place de Jules César, la place de Nerva, la place de Trajan, &c. servoient plus à la décoration qu'à la commodité des quartiers où elles étoient.

Il ne faut pas toujours s'en rapporter aveuglément aux Architectes qui nous ont donné des Plans d'anciens monumens sacrés. Conduits quelquefois par le préjugé, ils ne mettent pas assez de critique dans leurs observations, ils supposent facilement dans l'Antique des beautés qui n'existerent jamais, & si, en dessinant des ruines, ils ne trouvent pas tout ce qu'ils cherchent, ils ajoutent de leur chef, & travaillent d'imagination. Par exemple, Palladio qui a dessiné le Temple de Faustine, dont je parlois plus haut, dit qu'il n'a trouvé dans l'intérieur aucune trace d'ornemens, mais qu'il devoit y en avoir de magnifiques. Avec cette idée, il prend le crayon, dessine des Niches, des Statues, &c. & nous dit: voilà l'intérieur du Temple de Faustine. Il va plus loin; dans le feu de la composition, il jette devant, à droite & à gauche de grands portiques, sans songer qu'il bâtit aux dépens de Remus qui avoit son Temple à dix pas de celui de Faustine, sans s'appercevoir qu'il barre le passage aux Triomphateurs qui montoient au Capitole par la *Voie sacrée*, aux Prêtres qui, par la même rue, alloient en pompe faire un sacrifice à Jupiter aux

Ides de chaque mois. Les plus habiles Antiquaires, après de profondes recherches, ont bien de la peine à fixer l'emplacement des édifices les plus célèbres, & tous les jours on appelle de leurs décisions; ce ne sera donc point faire injure aux Architectes les plus estimables, tels que Palladio, de ne les pas toujours croire sur leur parole, & d'employer, en examinant leurs dessins, plus de lumières qu'eux-mêmes n'en eurent, ou n'en purent avoir en les composant.

Il y a de bonnes raisons de douter qu'il se fît des sacrifices dans l'intérieur des Temples; ce n'étoit donc point à ces édifices qu'il falloit donner une étendue capable de contenir le peuple qu'attiroit cette partie du culte Payen, c'étoit aux portiques qui les accompagnoient; afin que l'immolation des victimes se faisant dans le vestibule, ou au pied de l'escalier qui y conduisoit, les spectateurs répandus dans les portiques d'alentour pussent voir la cérémonie. Mais il faut remarquer que tous les Dieux n'avoient pas les grands honneurs du sacrifice; que plusieurs se contentoient de fumigations & d'offrandes; que le sacrifice d'un cocq à Esculape ne ne faiſoit point autant de fracas, qu'une hécatombe (1) à Apollon; qu'on ne ſacrifioit pas devant tous les Temples; que les aſſemblées ſolennelles de Rome ſe faiſoient au Temple de Jupiter Capitolin, quoiqu'il y en eût de conſacrés à Jupiter *Stator*, à Jupiter *Tonnant*, à Jupiter *Cuſtos.* pourquoi donc conſtruire auprès de ces édifices des cours qui ne devoient point avoir d'uſage? Remarquons encore que dans la Grèce, il y avoit une infinité de Temples où il n'étoit permis qu'au Prêtre, ou à la Prêtreſſe d'entrer. Donnoit-on des dimenſions de trente & quarante toiſes à un édifice où il ſuffiſoit qu'il y eût place pour un homme & pour quelques Statues? Y voyoit-on la *Baſilique*, l'*Adytum*, le *Sacrarium*, *&c.*? Non, c'étoit une petite *Cella* où le Dieu diſparoiſſoit dans la fumée d'un grain d'encens; quelques trépieds, une table pour placer les gâteaux ſacrés, voilà quels en étoient les meubles, & il ne pouvoit y en entrer davantage.

---

(1) Sacrifice de cent bœufs.

Seconde ſource des préjugés ſur la grandeur des Temples du Paganiſme.

On nous trompe donc, quand on ſuppoſe à tous les Temples cet extérieur pompeux que tous n'avoient pas à beaucoup près. On nous trompe encore, en ne diſtinguant pas aſſez dans les édifices ſacrés les plus vaſtes & les plus ornés, le corps du Temple de ce qui n'en étoit que l'acceſſoire. J'appelle le corps du Temple l'endroit particulier où étoient la Statue & les Autels du Dieu à qui tout le monument étoit conſacré, qu'on appelloit *Cella*, & qui prenoit le nom de *Périptere* quand il y avoit un rang de colonnes tout autour; de *Diptère*, quand il y en avoit deux; enſorte que dès qu'on étoit hors du veſtibule, ou même dans le veſtibule, on étoit hors du Temple proprement dit.

Temple de Jupiter Olympien à Athènes.

Le Temple de Jupiter Olympien à Athènes avoit, nous dit-on, plus de quatre ſtades de circuit. Soit : mais diſtribuons la ſurface comme les Anciens eux-mêmes l'avoient diſtribuée, & nous aurons une juſte idée de la grandeur réelle du Temple. Il faut renfermer dans ce circuit un monument conſacré à Saturne & à Rhée; un Bois, des Statues ſans nombre, des Coloſſes auſſi énormes que celui de Rhodes. Qu'on donne au bois ſeulement le quart de l'étendue du boſquet des Thuileries, que l'on place les Statues dans des points de vue proportionnés à leur maſſe, & à leurs attitudes, qu'on loge un peu au large Saturne & Rhée; le terrein ſe remplira de façon, qu'il ne reſtera à Jupiter qu'une maiſon aſſez bornée; & nous verrons ailleurs qu'en effet elle l'étoit. Que dirai-je de ces Temples de l'Egypte, où il falloit traverſer quatre & cinq cours avant d'arriver au Sanctuaire de la Divinité qu'on y adoroit; de ces Temples de la Grèce, où il y avoit des Bibliothèques, des Gymnaſes, des Bains? Il eſt évident qu'ils étoient plutôt des Villes ſacrées que des Temples.

Temple de la Fortune à Préneſte.

A s'en rapporter aux deſſins qui ont été tracés du fameux Temple de la Fortune à Préneſte, nul autre n'avoit plus d'étendue, ne s'annonçoit avec plus de magnificence. C'étoient des terraſſes élevées l'une ſur l'autre, des galleries, des pavillons; mais, où tout cela conduiſoit-il? à une colonnade en hémicycle, au milieu de laquelle étoit placée, ſur un trône, la Statue de la Fortune. Tout le reſte n'étoit donc qu'une eſpèce de palais composé de différentes pièces indépendantes l'une de l'autre pour la solidité, & n'ayant d'unité que dans la ressemblance des divers corps qui se répondoient. Ce palais appartenoit moins à la Déesse, qu'à ceux qui la servoient, qu'à ceux qui venoient consulter ses oracles, & qui trouvoient dans ces galleries des promenades pour rêver à leurs chimères.

Mais j'entrevois dans l'origine de la plupart des Temples de l'Antiquité, au moins de ceux de Rome, une raison de ne leur donner qu'une petite étendue. Je laisse à part ceux qui étoient consacrés aux Divinités du premier ordre, telles que Jupiter, Junon, Neptune, Apollon, &c. Divinités dont on craignoit le courroux, sur le secours desquelles on comptoit, à qui dès-lors la Religion faisoit un devoir d'offrir des sacrifices, de faire des offrandes; qui par conséquent devoient être traitées avec plus de distinction. Je parle de la *Clémence*, de la *Concorde*, de l'*Honneur*, *&c.* Ce n'étoient ici que des vertus divinisées; les monumens qui portoient leurs noms n'étoient destinés qu'à annoncer quelques évènemens glorieux, qu'à en perpétuer la mémoire, qu'à rappeller utilement à l'esprit des enſans les ſervices de leurs pères, qu'à conſerver le ſouvenir d'un bon gouvernement, des exploits militaires d'un Général d'armée, d'un bienfait reçu. Marcellus, le vainqueur d'Annibal, après ſes victoires ſur les Gaulois, & ſes conquêtes dans la Sicile, érigea deux Temples, l'un à l'*Honneur*, l'autre à la *Vertu*, & plaça celui-ci devant le premier ; afin, diſent les Hiſtoriens, que les troupes partant pour la Guerre, ſe ſouvinſſent qu'on ne parvenoit à la gloire que par le courage, qu'on n'acquéroit de l'honneur que par la vertu. Le premier Temple de la *Concorde* fut érigé par le Tribun Flavius avant la premiere Guerre Punique, parce qu'il avoit réuſſi à réconcilier les différens Ordres de la République : monument qui ſignifioit que l'union de ſentimens & de vues fait la force d'un Etat, que par elle on trouve des reſſources dans les tems les plus critiques. Marc-Aurèle plaça ſur le Capitole un Temple de la *Bienfaiſance*, Divinité, ajoute Dion, dont le nom avoit juſqu'alors été inconnu, & à qui cet Empereur n'érigeoit ſans doute des Autels, que pour apprendre à ſes ſucceſſeurs, que la bienfaiſance, ſi bien pratiquée par lui-même, devoit tenir un des premiers rangs parmi les vertus d'un Prince. La foudre tombe aux pieds d'Auguste sans lui faire de mal; aussi-tôt on érige un Temple à Jupiter *Tonnant*, & à sa vue, la postérité se rappellera l'amour des Dieux pour le Maître du Monde. Que l'on parcoure toutes les Vertus qui avoient des Temples à Rome, la *Fidélité*, la *Constance*, la *Bonne-foi*, on trouvera que toutes ne devoient leur culte qu'à quelque évènement dont on vouloit conserver le souvenir. Dans cette vue, il n'étoit pas nécessaire de construire des édifices immenses. Si Vespasien, après la destruction de Jérusalem, donna de si grandes dimensions au Temple de la Paix, c'est qu'il voulut en faire le dépôt de toutes les richesses de la Judée. Mais dans celui de la *Clémence* érigé en l'honneur de César après la journée de Pharsale, il n'y avoit à placer que la Statue de la nouvelle Déesse, & pour cela, il suffisoit d'une niche renforcée. Se persuadera-t-on que les Temples de la *Vieillesse*, de la *Fièvre*, de la *Peur* aient coûté seulement la plus petite colonne aux carrières de Paros ou de Carrare?

Enfin, qu'on se rappelle que hors l'occasion d'un sacrifice solennel, ou d'une supplication générale, il ne se faisoit, dans les Temples, aucune assemblée considérable; qu'il y avoit fort peu de ces cérémonies religieuses régulièrement en usage chaque année; qu'un Citoyen du commun ayant des graces à demander aux Dieux, prenoit quelque petite victime, s'il étoit à son aise; quelques gâteaux, s'il étoit pauvre, & suivi de sa femme & de ses enfans alloit à petit bruit faire son sacrifice ou son offrande. Qu'on se rappelle encore qu'à Rome tous les Temples, excepté un, étoient habituellement fermés, & on n'aura pas de peine à concevoir que les Anciens ne donnèrent point à leurs édifices sacrés une étendue inutile & dispendieuse.

Quant à la supplication générale, elle avoit deux objets; ou de remercier les Dieux après quelque victoire éclatante remportée sur l'ennemi, hors d'une Guerre civile; ou de les appaiser dans les malheurs de l'Etat. Alors tous les Temples s'ouvroient, parce qu'il n'étoit aucune Divinité qui, à sa façon, n'entrât pour quelque chose dans la victoire; aucune vertu qui, de la part des Généraux & des Soldats, n'eût contribué plus ou moins au ſuccès des armes ; il convenoit donc que tous les Dieux & toutes les Vertus euſſent part aux actions de graces. Mais le nombre des Temples étoit ſi grand, qu'on n'avoit point à craindre d'y trouver foule, le peuple, à ſon ordinaire, s'occupant moins de ce que la fête avoit de religieux, que des plaiſirs qu'elle lui procuroit. Dans les ſupplications ordonnées pour détourner les malheurs, c'étoient les femmes qui faiſoient les plus grands frais. Elles alloient à tous les Temples les cheveux épars ; elles ſe proſternoient ſur l'eſcalier du veſtibule, ſe répandoient dans les portiques, y pouſſoient des cris lugubres, & parcouroient ainſi ſucceſſivement tous les quartiers de Rome ſans s'arrêter long-tems en chaque endroit.

A ces raiſons, tirées pour la plupart de certaines convenances, je vais ajouter quelque choſe de plus précis.

ARTICLE III.

Temples du Paganisme.

QUAND je commençai ces recherches ſur les Temples des Anciens, je n'avois point encore vu l'ouvrage précieux dont M. le Roi a enrichi la France (1).

Outre le plaiſir de voir des morceaux dont nous n'avions aucune connoiſſance, ou que nous ne connoiſſions que par des deſcriptions, j'ai eu, en examinant le nouveau Recueil, la ſatisfaction d'y trouver de quoi juſtifier mes idées ſur la grandeur des anciens Temples.

Les obſervations de M. Le Roi ſeront pour moi des autorités dont je me prévaudrai hardiment dans ce qui me reſte à dire. Peut-être aura-t-on trouvé trop générales les raiſons dont j'ai appuié juſqu'ici mes conjectures ſur l'objet de mes recherches, & je dois en donner de plus directement tirées de la façon de bâtir en uſage dans

(1) Les ruines des plus beaux monumens de la Grèce. Cet Ouvrage ſe vend chez Muſier fils, Libraire.

l'antiquité. Je les tirerai de Vitruve luimême, un peu développé & éclairci par le nouvel Architecte François. On ne peut pas m'en demander davantage. Je sçais que quelques amateurs refusent à Vitruve de l'imagination & du goût; mais enfin, quand cela seroit exactement vrai, Vitruve est le seul parmi les Anciens dont les préceptes, sur son Art, soient parvenus jusqu'à nous, & nous devons au moins l'en croire, quand il parle de la forme, des dimensions & des ornemens employés dans les édifices sacrés de son siècle.

Usage du Pilastre chez les Anciens.

Je pourrois donc, sur son autorité, avancer d'abord, que dans les Temples de grande ordonnance, les Anciens n'employèrent jamais le pilastre comme partie principale d'un corps d'Architecture; ce qui est cependant d'une si bonne ressource, quand on veut bâtir en grand, & que l'on manque de colonnes. On ne me passeroit pas, sans preuves, une pareille assertion, & je dirois: qu'après avoir bien examiné l'usage du pilastre dans les Temples, je ne lui en ai point trouvé d'autre que celui d'un contrefort. Il est un peu annobli, décoré si l'on veut, mais c'est toujours un contrefort.

Je l'apperçois aux endroits où les murs de la *Cella* font angle ſaillant en-dedans ou en-dehors ; je le trouve aux extrémités des mêmes murs, lorſqu'ils s'avancent pour former une partie du *Pronaos* ou portique d'entrée ; je le vois encore quelquefois dans les ailes qui flanquent à l'extérieur l'édifice ; mais là, comme ailleurs, il ne ſert qu'à fortifier le mur de la *Cella*, qu'à porter l'extrémité des poutres qui forment les plafonds des portiques ; & afin qu'il n'ait point à l'œil un effet déſagréable, on lui donne un chapiteau & une baſe analogues à l'ordre des colonnes. En un mot, ſa deſtination eſt de donner de la force aux endroits où on l'emploie, il ne faut pas lui chercher une autre origine. Si l'on a étendu ſon uſage, ſi l'on a fait un ornement eſſentiel de ce qui n'étoit qu'un acceſſoire utile; ſi par la raiſon que dans les portiques d'une certaine largeur, *le Pſeudodiptere*, par exemple, on le plaçoit derrière les colonnes afin de diminuer la portée des architraves tranſverſales, il en a été mis enſuite par-tout où il y avoit une colonne, tant près fût-elle du mur, c'eſt peut-être, car il ne me convient ni de décider ni de cenſurer, c'eſt peut-être un abus introduit chez les Anciens même par quelque Maître hardi, adopté par ſes élèves, & enfin autoriſé par la pratique univerſelle des Architectes modernes.

Mais pour qu'on ne me ſoupçonne pas de vouloir renouveller la guerre contre le pilaſtre, qui après tout a ſon mérite quand on ne le prodigue pas, & qu'on ſçait le placer, je n'inſiſte pas ſur ce qu'il a de pauvre, quand il eſt ſeul; de plat, quand il règne dans une grande longueur de bâtiment; de foible, lorſque s'élevant fort-haut, & ne préſentant ſur ſes côtés que quelques pouces d'*équarriſſage*, il porte un entablement d'une grande ſaillie. Je me borne à l'exclure comme partie principale des Temples de grande ordonnance; parce que je crois que les Anciens ne lui faiſoient pas l'honneur de l'y admettre. Ces Temples, appellés vaſtes par les Hiſtoriens en comparaiſon des Temples ordinaires, qui les faiſoit conſtruire? Rarement des particuliers, à moins qu'ils n'euſſent le crédit, & les richeſſes d'Agrippa, ou d'Hérodes l'Athénien. Ils étoient les monumens de la reconnoiſſance d'une Ville ou d'une Province entière, & c'étoit le trésor public qui fournissoit à la dépense ; ils étoient destinés à annoncer la piété ou la grandeur des Monarques, & alors on voyoit toute l'Asie partager les frais de l'entreprise. Mais alors on ne parloit aussi que de portiques, de vestibules, de galleries. Paros, le Mont Penthélique, la Phrygie, l'Egypte, n'avoient point assez de carrières pour fournir les marbres ; on vouloit du grand, du noble, & on ne le voyoit que dans un édifice où la richesse de l'ordonnance égalât le prix de la matière ; où il n'y eût de murailles qu'autant qu'il en falloit pour former une enceinte autour des Dieux, & en écarter les profanes ; où tout ce qui avoit besoin d'appui fût porté sur des colonnes ; parce qu'en matière d'édifices publics, il n'y a de vraie, de belle Architecture que celle où il y a des colonnes, où les colonnes portent l'entablement, où l'entablement sert à porter les voûtes & les plafonds.

On n'attribuera pas à mauvaise volonté de ma part l'exclusion que je donne ici au pilastre, quand on fera attention que j'ai pour moi les Architectes observateurs. Qu'on jette les yeux sur la page 6 de la seconde partie des Ruines des Monumens de la Grèce, on conviendra que ce qui, proposé par un homme comme moi, ne seroit qu'une conjecture hasardée, devient une vérité par la réflexion de M. Le Roi lui-même, & par les plans qu'il nous a donnés. Qu'on examine les plans, & l'on n'y trouvera le pilastre que dans les endroits où le place Vitruve qui avoit pris des Grecs ses principes & ses règles. En construisant les *Propylées* d'Athènes (1), on avoit certainement beau jeu pour prodiguer les pilastres, & aujourd'hui on ne les épargneroit pas dans une porte de Ville. Dans la porte de la citadèle d'Athènes, on n'en verra qu'aux pied-droits (2) des arcades qui avoient besoin d'être consolidées. Il y en a six en tout.

Or, ce goût pour le somptueux, cet usage des colonnes, sur-tout quand on les vouloit d'un seul bloc, empêchoit de donner aux édifices sacrés l'étendue qu'ils auroient pu avoir, s'il ne s'étoit agi que

(1) Porte de la citadelle d'Athènes.

(2) Les pied-droits sont aux Arcades d'une Eglise, d'un Portique, d'un Cloître, &c. ce que sont les piles aux Arches d'un Pont.

de pilaſtres. Il étoit plus difficile de raſſembler des différentes parties du monde, cent, deux cens colonnes, que d'enclore de murailles cinq ou ſix arpens de terrein, de ménager des contreforts dans l'intérieur, de leur donner un chapiteau & une baſe, & de couronner le tout d'un entablement. Il ne nous en coûte pas plus aujourd'hui de donner ſoixante pieds à un pilaſtre, que de lui en donner ſeulement trente. Il n'en étoit pas ainſi des colonnes, quand on les vouloit d'un ſeul bloc & de certains marbres précieux, dont les carrières étoient plus rares & moins riches, dont le grain étoit plus fin & plus dur. Le granit alloit fort-bien à Jupiter, à Mars, à Hercule, Divinités dont la fierté devoit ſe peindre dans les monumens qui leur étoient conſacrés. Mais Flore, Hébé, Diane, les Graces vouloient quelque choſe de moins ſombre. Le plus beau blanc de Paros, le diapré le plus varié, le verd le plus vif & le plus gai, ſembloient naturellement faits pour elles, & il eſt probable qu'on n'en employoit point d'autres.

Les différences aſſignées par les Architectes pour la forme des Temples, relativement aux différentes Divinités, m'autorisent à en mettre dans le choix des marbres. Or, de tous les marbres dont les Romains ont fait usage, le Granit paroît avoir été le plus commun. La preuve s'en tire de la quantité prodigieuse de colonnes antiques de Granit que l'on voit à Rome, & qui vis-à-vis des autres sont dans la proportion de six à un. C'est aussi celui dont il est le plus facile de tirer de grandes masses; & cela se prouve encore par la longueur des fûts de colonnes, sans parler des obélisques. Il ne faut cependant pas croire que toutes aient eu cinquante coudées comme celles du Temple de Cyzique. Une colonne de granit qui a plus de cinquante pieds est toujours citée comme une merveille : à Rome il n'y en a pas aujourd'hui trente entières, ou en fragmens, qui aient cette longueur, & le plus grand nombre n'a pas trente pieds. Des colonnes de marbre blanc de Paros ou autre, de jaune ou de verd antique, de porphyre qui ont servi, ou pu servir aux Temples, on auroit de la peine à en trouver soixante qui passassent trente pieds de fût; je parle toujours des colonnes d'un seul bloc.

Quant

Quant à celles qui étoient formées de plusieurs tambours ou assises, j'imagine que les Grecs & les Romains avoient une certaine proportion générale susceptible de quelques petites différences, selon le plus ou le moins de grandeur des Temples qu'ils vouloient rendre magnifiques, afin de ne pas donner dans le colossal si chéri des Egyptiens, & que les colonnes ne perdîssent point de leur solidité en s'allongeant trop. Selon l'estimation de M. Le Roi, les colonnes du Panthéon d'Adrien, l'un des plus vastes monumens de la Grèce, n'avoient guères plus de cinquante pieds, quoiqu'elles ne fussent pas d'un seul bloc. Celles que l'on voit à Rome à *Campo Vaccino* & au *Forum* de Nerva sont plus courtes. Elles sont néanmoins de plusieurs tronçons, & décorant des places publiques, il étoit naturel qu'elles eussent de plus fortes proportions.

Mais peut-être plaçoit-on plusieurs ordres l'un sur l'autre? Je conviens qu'on les trouvoit dans quelques Temples de la Grèce. Pausanias n'en cite que deux ou trois. Cette observation de la part d'un Voyageur exact & attentif est presqu'une preuve convaincante, que le double ordre étoit très-rare. Vitruve ne le donne qu'à l'*Hypætre ;* & quoiqu'il assigne cette forme aux Temples consacrés à Jupiter, au Ciel, au Soleil, il s'en faut beaucoup qu'elle fût la seule employée. Quand elle l'eût été, elle ne prouveroit rien. Qu'étoit-ce qu'un Temple Hypætre ? un espace plus ou moins grand de terrein, entouré d'un portique double en hauteur dans l'intérieur, double ou simple en largeur à l'extérieur ; sans voûte, sans plafond, sans toît, exposé à toutes les injures de l'air. Que l'on réduise en quarré-long la colonnade de l'Hôtel de Soubise ; qu'on ajoute un second ordre sur celui qui existe ; qu'en-dehors on forme tout autour un nouveau portique, dont les colonnes aient une longueur suffisante pour rendre à-peu-près commun l'entablement de l'intérieur & de l'extérieur ; qu'aux deux extrémités on laisse l'entrée libre, qu'au milieu on place une Statue du Soleil, & l'on aura un vrai Temple Hypætre. Mais un pareil édifice sort de l'analogie ordinaire, & on pourroit lui donner encore deux fois plus d'étendue que n'en a cette cour, sans qu'elle infirmât beaucoup ma conjecture.

Temple Hypætre.

Dès que la difficulté de jetter une voûte n'arrête plus, on peut embraſſer en long & en large autant de terrein que l'on veut.

Il ſeroit au moins bien difficile de nous prouver que les portiques extérieurs des anciens Temples aient eu un double ordre ; & j'en conclurois que le double ordre intérieur, en le ſuppoſant plus commun qu'il ne l'étoit, n'ajoutoit rien par lui-même à l'élévation de l'édifice, n'étendoit conſéquemment aucune des autres dimenſions relatives à la hauteur. Cette hauteur étoit déterminée par la longueur des colonnes extérieures dont il n'y avoit qu'un ſeul ordre ; le mur qui formoit la *Cella*, ne s'élevoit pas au-deſſus de leur entablement, comme celui de la grande nef s'élève au-deſſus des bas-côtés dans nos Egliſes, & par cette raiſon a beſoin de contreforts ou d'arcs-boutans.

Il en réſulte donc, que l'entablement pouvoit tout au plus être commun au double ordre intérieur, & à l'ordre ſimple extérieur ſi l'édifice avoit un plafond ; mais que l'entablement intérieur devoit ſe tenir beaucoup plus bas que l'extérieur, ſi la *Cella* avoit une voûte ; & la raiſon en eſt claire. La *Cella* ayant dans ſes différentes faces beaucoup moins de longueur & de largeur, que l'ordre qui l'entouroit au-dehors, on ne pouvoit faire porter la voûte par un entablement commun, ſans donner à cette voûte une élévation diſproportionnée, ſans rendre l'angle ſupérieur du fronton extrêmement aigu, parce que chez les Anciens, les deux lignes rampantes du fronton avoient la même inclinaiſon que le toit. Un coup-d'œil ſur le Temple de Balbec rendra ſenſible ce que je dis ici. Cet édifice eſt voûté ; il a un ordre de colonnes dans l'intérieur, ces colonnes ont des piédeſtaux, & cependant le ſommet de la voûte ne s'élève pas au-deſſus de la friſe des portiques extérieurs. Dans ce monument, la voûte ne pouvant monter plus haut, un double ordre eût été meſquin. Ce qui me perſuade qu'on n'en employoit jamais qu'un dans l'intérieur des Temples voûtés, & que l'Hypætre ſeul en avoit deux.

Je vois ce qui frappe encore, & met en jeu notre imagination, quand on nous parle des anciens Temples : c'eſt la prodigieuſe quantité de colonnes dont quelques-uns ſont décorés. Comment ne pas croire extrêmement vaſtes des édifices qu'on nous peint ſoutenus de cent, de deux cents colonnes? Nous avons vu des Egliſes gothiques où il n'y avoit que quarante, cinquante piliers, & dans leſquelles on ſe perdoit; qu'étoit-ce donc que des Temples où l'on comptoit le double, & le triple de colonnes? L'erreur de l'imagination vient de ce qu'elle place dans le corps du Temple, ou la *Cella*, ce qui en étoit hors. Il faut donc remarquer qu'en général cette *Cella*, étoit ce qui occupoit le moins les Architectes; ils n'y penſoient qu'après avoir ordonné & diſtribué l'extérieur. Parce que c'étoit-là que devoit éclater le génie, le goût & la magnificence. Pour eux il ne s'agiſſoit pas, quand on leur demandoit du grand, de ſçavoir combien ils donneroient en long & en large à l'eſpace entouré de murailles où l'on devoit placer les Dieux; mais ils délibéroient, ſi les murailles ſuppoſées, ils feroient un (1) *Décaſtyle*, ou un

(1) *Décaſtyle*, portique d'entrée de dix colonnes de face. *Hexaſtyle*, portique de ſix colonnes.

Hexaſtyle, s'ils formeroient des portiques de cent vingt colonnes, comme ceux du Panthéon d'Adrien, ou ſeulement de trente-ſix, comme ceux du Temple de Théſée. Le premier article une fois réglé, l'eſpacement des colonnes enſuite déterminé, les Architectes ſongeoient à la *Cella*. Ils en fixoient la longueur & la largeur ſur le nombre des colonnes de face & de celles des ailes. Ce nombre ſeul donnoit au Temple ſa dénomination & ſon caractère. Il y a plus, c'eſt que les dimenſions de la *Cella* ſe reſſerroient relativement au reſte, à proportion que le nombre des colonnes extérieures augmentoit. Par-tout où je vois dans les ruines des monumens de la Grèce, un *Octoſtyle* ſeulement *périptère*, je trouve la largeur de la *Cella* égale à ſix des colonnes de face, les entre-colonnemens compris. Au contraire, dans l'*octoſtyle diptère* ou *pſeudodiptère*, la largeur de la *Cella* ne répond qu'à quatre des colonnes de face, & c'eſt auſſi la règle de Vitruve.

Or, à moins de ſuppoſer aux colonnes de tous les Temples un diamètre énorme; tel que l'avoient celles du Temple de Cyzique, qui d'ailleurs étoit un *Dodécaſtyle* (1), ordonnance très-rare ; dès que des huit colonnes de face, on n'en prendra que quatre pour la largeur de la *Cella*, treize ou quinze pour la longueur, les Grecs ſur-tout aimant le *Pygnoſtyle*, j'ai peine à croire qu'on faſſe jamais un corps de bâtiment capable de contenir à l'aiſe deux cens perſonnes, avec les Autels, les Statues, &c. encore moins, s'il y a un ordre intérieur.

Ce que je viens de dire regarde les Temples dont la forme étoit un quarré-long, & c'étoit la plus uſitée. Il y avoit d'autres règles, mais peu, pour les Temples ſphériques. Les uns étoient entourés de colonnes à l'extérieur, & n'avoient point de portiques en avant-corps ; tels ſont à Rome & à Tivoli les anciens Temples de Veſta. Les autres avoient un portique en avant-corps, ſans en avoir autour de la *Cella*, & tel eſt encore à Rome le Panthéon, le plus vaſte monument de cette forme que les Anciens aient peut-être

(1) *Dodécaſtyle*, portique de douze colonnes de face.

jamais conſtruit. Vitruve ne dit rien des Temples de cette dernière eſpèce. A ceux de la première, il veut que l'on donne de diamètre la longueur de la colonne, compris le chapiteau & le piédeſtal. Avec cela on ne fera jamais rien de bien grand. Auſſi les Temples ſphériques étoient-ils ordinairement très-petits.

ARTICLE IV.

Temples du Paganisme.

IL me reste à citer quelques Temples des Anciens, qui fassent juger du peu d'étendue de ces édifices. Le Temple de Jupiter Olympien d'Athènes me fournit le premier exemple. Selon M. Le Roi, la *Cella* avoit dans œuvre un peu plus de six toises de large, & de long un peu plus de seize. Voilà donc à quoi se réduit un édifice dont on dit : qu'il avoit plus de quatre stades de circuit ; & il faut remarquer qu'il étoit *Hypætre*. Le Panthéon d'Adrien avoit trente toises de long, moins de quatorze de large. Pausanias donne au Temple de Jupiter à Olympie soixante & huit pieds de haut, deux cens trente de long, quatre-vingt-quinze de large. Sur la longueur & la largeur, il faut retrancher les portiques dont le Temple étoit environné. Avec ces dimensions, il égalera tout au plus le grand nombre des Eglises de Rome & de Paris, d'une Architecture Grecque construites depuis deux siècles, & restera fort au dessous de nos Cathédrales gothi-

Temple de Jupiter à Olympie.

ques. Je ne parlerai point du Temple de Diane à Ephèse, parce qu'il eſt aſſez connu, & parce que la Déeſſe elle-même aida l'Architecte Ctéſiphon dans la conſtruction du portique: cette fable auſſi-bien que la fable de l'eſcalier de quatre-vingt marches pratiqué dans un ſeul ſep de vigne, me rendent ſuſpecte une partie des merveilles qu'on raconte de ce monument. Je ne dirai rien non plus du Temple de Cyzique, que M. le Comte de Caylus a aſſez fait connoître. Paſſons de la Grèce à Rome pour y examiner le fameux Temple de la Paix conſtruit par Veſpaſien. Cet édifice étoit vraiment grand; & ſi le bon goût de l'Architecture eût répondu à ſa capacité & à ſa richeſſe, Athènes n'en auroit point eu qu'on pût lui comparer. Mais l'Architecte en voulant faire du neuf, mit beaucoup de hardieſſe dans ſon ouvrage, & lui donna peu de graces. Il n'y a perſonne qui, à la vue de ce qui en ſubſiſte, n'en porte ce jugement, lequel eſt celui des Maîtres de l'Art. Sa longueur de 324 pieds, ſans y comprendre le portique d'entrée, car il n'en avoit point d'autre; ſa largeur de 250, priſe du fond d'une arcade à l'autre,

Temple de la Paix.

le mettent évidemment au-dessus de toutes nos Eglises modernes de France & d'Italie, excepté Saint-Pierre de Rome, mais elles ne l'égalent point encore à toutes nos grandes Eglises gothiques.

Défauts du Temple de la Paix.

Après ce peu de mots sur ses principales dimensions, me permettra-t-on quelques réflexions sur son Architecture? j'oserai à cet égard plus que n'osent nos Architectes eux-mêmes, quand ils nous décrivent les anciens monumens. Ils se bornent trop souvent a en donner sèchement les plans au lieu d'y joindre encore d'utiles remarques sur leur composition, leurs beautés, leurs défauts. Ce n'est servir qu'à moitié les Elèves, que de leur présenter un élégant chapiteau, un riche entablement antique, si on ne leur dit, si on ne leur montre pas, que ces morceaux étoient bien ou mal assortis. Au reste, ce seroit un préjugé aussi funeste aux Arts qu'aux Lettres, de croire que les Anciens ne se sont jamais trompés. C'en seroit un autre, de trouver mauvais qu'on relevât leurs erreurs. Une partie du mérite des Artistes modernes doit être de sçavoir bien apprécier l'antique, & jamais ils ne donneront de leçons plus utiles, que quand ils découvriront en quoi ont manqué les plus grands hommes.

Nous ne conſtruiſons point nos Egliſes comme les Anciens conſtruiſoient leurs Temples.... Qu'importe? il y a des principes applicables à toutes les formes, indépendans de tous les uſages, & il eſt peu d'édifices conſidérables, où ils n'aient lieu. Nous importe-t-il beaucoup de ſçavoir que tel monument antique avoit cent pieds de long ou de large, ſi l'on ne nous apprend pas en même-tems, que les autres dimenſions particulières avoient de la proportion, ou ne s'accordoient point avec celles-là; ſi l'on ne nous met pas en état de conclure, que le monument étoit de bon ou de mauvais goût; qu'il mérite ou non, d'être imité? Aujourd'hui ſurtout que nos conſtructions à la Grecque paroiſſent vouloir s'aggrandir & s'annoblir, il eſt plus néceſſaire que jamais de bien analyſer les anciens édifices que le tems a épargnés.

Ce que j'eſtime particulièrement dans l'ouvrage de M. Le Roi, & ce qui doit ſans doute paroître eſtimable aux Amateurs de l'Architecture, c'eſt cette ſuite d'obſervations ſur les changemens qu'ont éprouvés les différens ordres dans la longueur de leurs colonnes. Serlio, Palladio, Scamozzi, &c. nous ont dit que les Doriens avoient inventé le *Dorique*, les Ioniens l'*Ionique*, &c. & d'autres choses aussi vagues; mais aucun d'eux ne nous a montré les différens degrés d'élégance produits par la différence des proportions données aux colonnes; ensorte que d'après eux nous ne pouvons juger si les édifices où étoit employée la grande Architecture, avoient plus de légéreté avant Périclès que dans son siècle; chez les Grecs que chez les Romains. Ils ne nous disent rien qui nous fixe sur le plus ou le moins de goût d'une Nation comparée à une autre. Les recherches de M. Le Roi, très-précieuses à d'autres égards, le sont encore par les lumières qu'elles fournissent sur l'histoire de l'Architecture. D'ailleurs, combien d'Elèves qui avec du génie & de l'ardeur, n'ayant ni les occasions ni les moyens de voyager, ont besoin qu'on les aide par des descriptions bien raisonnées des anciens monumens? C'est par la même raison, que l'on doit regarder l'*Architecture Françoise* de M. Blondel comme une des meilleures productions de notre ſiècle. Mais j'oublie que j'ai à parler de la ſtructure du Temple de la Paix.

Qu'on ſe figure une longueur de 324 pieds diſtribuée en trois arcades ſeulement de chaque côté, & ne préſentant que huit colonnes dans un ſi grand eſpace. Les trois arcades de la droite ſubſiſtent encore en entier. Elles ſont d'un aſpect terrible, d'une péſanteur qui ne diminueroit pas de beaucoup, quand on abaiſſeroit à ſon ancien niveau le terrein qui cache aujourd'hui environ quinze pieds des *pied-droits*. A ces pied-droits étoient appuyées les huit colonnes. Quoiqu'elles euſſent chacune quarante-huit pieds trois pouces de fût, leur chapiteau ne s'élevoit guères au-deſſus de l'impoſte (1) des arcades, dont le ſommet étoit au niveau de la corniche de l'entablement. Cet entablement ne régnoit point dans tout le pourtour du Temple : chaque colonne

---

(1) L'impoſte eſt dans le pied-droit ou jambage d'une arcade, la partie où commence la vouſſure, laquelle eſt ſéparée du pied-droit par quelques membres d'Architecture analogues à l'ordre. C'eſt cette eſpèce de chapiteau que l'on nomme *Impoſte*.

en avoit la portion prefcrite par les règles, mais ifolée à droite & à gauche, ne tenant abfolument à rien; ce qui en rendoit la faillie lourde & effrayante, comme celle de tout entablement reffauté.

La voûte ne devoit point paroître plus légère, vu fon immenfe largeur, ou plutôt l'efpacement des colonnes qui aidoient à la porter. Elle étoit de celles que l'on nomme *voûtes à arrêtes*, ou *voûtes de Cloître*. Mais ces voûtes, pour avoir de la légéreté, demandent une largeur médiocre, ou au moins des colonnes multipliées à proportion de la longueur du bâtiment. Par exemple, les Architectes de nos anciennes Cathédrales, ces *Maîtres Maçons* en qui on reconnoît tant de hardieffe & fi peu de goût, ayant à voûter de cette manière, qui fut très-fouvent la leur, le Temple de la Paix, au lieu de trois arcades y en auroient ménagé fix de chaque côté, & au lieu de quatre colonnes en auroient demandé fept. La voûte divifée en plus de petites parties, en formant autant de croix qu'il y avoit de doubles arcades, auroit été plus *fvelte*; les colonnes fur lefquelles elle auroit pris naiffance, auroient montré une force proportionnée au poids qu'elles soutenoient, & l'imagination n'eût point eu à souffrir d'une voûte énorme dont les soutiens étoient trop rares, & paroissoient évidemment trop foibles.

Venons au portique. Il étoit de 240 pieds de face, & n'avoit que huit colonnes, d'où résultoit un *Aréostyle* (1) des plus outrés. L'Auteur de l'*Antiquité expliquée* fait dire à Serlio que ces colonnes avoient huit pieds neuf pouces de diamètre : 1°. Serlio parle des colonnes de l'intérieur du Temple, & ne dit pas un mot de celles du portique : 2°. La colonne qui est aujourd'hui devant Sainte-Marie-Majeure, & qui porte une Statue de la Sainte-Vierge, a été tirée par Paul V du Temple de la Paix & non pas du portique, comme le dit encore l'Auteur de l'*Antiquité expliquée*. Or cette colonne n'ayant de fût que quarante-huit pieds trois pouces, ne peut pas avoir de diamètre huit pieds neuf pouces. Palladio ne lui donne que cinq pieds quatre pouces,

(1) *Aréostyle*, ordonnance dont l'entre-colonnement étoit de quatre diamètres.

ce

ce qui rentre dans la proportion Corinthienne de la colonne.

Avant de quitter ce portique, il eſt bon de remarquer que les Médailles ne lui donnent que ſix colonnes, que Serlio lui en donne huit, & Palladio dix. Outre cela, Serlio couple les colonnes & les appuie contre un mur. Palladio fait un *Aréoſtyle*; & comme les colonnes, malgré les piédeſtaux qu'il leur prête, ſont encore trop courtes, eu égard à l'élévation du comble, il imagine un interminable fronton, dont les corniches rampantes ſont interrompues dans le milieu par le tympan qui les coupe perpendiculairement, s'élève au-deſſus, & eſt couronné par un fronton plus petit. Je ne parle pas des autres différences conſidérables qui ſe trouvent entre les plans de Serlio & de Palladio. Tous deux ont peut-être travaillé d'imagination.

Ce que je viens de dire de l'ordonnance de cet édifice ne donne pas une idée bien avantageuſe de ſon Architecture; mais c'étoit en fait de Temples, ce qu'il y avoit de plus grand à Rome. Le Panthéon tenoit la seconde place, & le Temple de Jupiter Capitolin la troisième Tout le reste étoit petit, & ne devoit frapper que par la richesse de la décoration, la beauté & la rareté des marbres, &c.

De tout ceci conclura-t-on, que nos Architectes qui construisent de grandes Eglises, l'emportent sur les Anciens qui ne construisoient que de petits Temples ? Ce seroit mal conclure s'il est vrai qu'en Architecture les grandes, les riches compositions n'appartiennent qu'au génie; pour placer les Artistes du Christianisme au-dessus de ceux du Paganisme, il faudroit oublier que ceux-ci construisirent des Théâtres, des Thermes, dont l'étendue, la distribution, la hardiesse étonnent encore aujourd'hui ceux qui n'en voient que les ruines. Il faudroit ignorer qu'une seule salle des Thermes de Dioclétien est devenue entre les mains de Michel-Ange une des plus vastes Eglises de Rome : ce ne fut donc point la timidité qui arrêta les anciens Architectes, quand ils ne firent que de petits Temples. L'usage seul règla leurs plans, & dirigea leurs opérations. Il étoit établi que les monumens consacrés aux Dieux n'auroient qu'une capacité médiocre ; l'habileté ne consistoit donc point à faire du vaste que l'on ne vouloit pas, mais à donner à ce que l'on faisoit la grandeur qui lui convenoit. Michel-Ange qui ne fut que le restaurateur des Thermes de Dioclétien, auroit pu en être l'Architecte douze siècles plutôt ; & douze siècles plus tard, celui qui construisit ces Thermes, eût construit la Basilique de Saint-Pierre.

Nous n'avons guères que nos édifices sacrés à mettre vis-à-vis des grandes constructions antiques, mais ils nous suffisent pour apprécier au juste les talens de nos jours & ceux des siècles passés. Comparons ces talens dans les ouvrages qu'ils ont produits, & qui les ont rendu célèbres ; faisons abstraction du goût règnant, & des formes en usage dans les différens tems, nous estimerons à coup sûr les uns & les autres ; nous n'exclurons pas de nos éloges, même les Architectes qui ont travaillé en gothiques ; il ne nous arrivera pas d'assigner des préférences générales & odieuses, qui n'inspirent que la présomption ou le découragement.

Deux Etrangers examinent les beautés antiques & modernes de Rome. L'un eſt aux pieds du Coliſée, tandis que l'autre eſt à Saint-Pierre. Le premier, frappé des majeſtueuſes ruines qu'il a ſous les yeux, dit en ſoupirant : *Oh ! que les anciens Architectes étoient de Grands Hommes en comparaiſon des nôtres!* Le ſecond, perdu dans l'immenſe Baſilique du Vatican, s'écrie avec tranſport : *Non, les Anciens ne nous valoient pas !* ..... Ces deux hommes, s'ils ſont François, feroient gens à ſe battre, ou à dépenſer des rames entières de papier, des tonneaux d'encre pour ſoutenir leur fanatique aſſertion ; & bien appréciée à quoi ſe réduit-elle ? A ceci préciſément : ſçavoir, que les Anciens ne conſtruiſoient point des Égliſes de Saint-Pierre, & que nous ne conſtruiſons point d'Amphithéâtres. Notre ſiècle a des hommes de génie comme en eurent les beaux ſiècles d'Athènes & de Rome ; il ne s'agit que de vouloir les connoître, & leur fournir l'occaſion de ſe ſignaler. Perrault, Blondel n'étoient ni Grecs, ni Romains ; ils n'ont fait ni des Propylées ni un Panthéon, mais ils ont fait la colonnade du

Louvre, & la Porte Saint-Denis. Nous tenons encore à ces Grands Hommes, leur tems eſt le nôtre; ils exiſtent même au milieu de nous ſous d'autres noms.

Je ne dis plus qu'un mot ſur les anciens Temples. D'où naiſſoit donc ce coup d'œil frappant qu'ils préſentoient, ſi on leur ôte la grandeur, puiſque, tout étant égal du reſte, cette grandeur décide toujours la préférence en faveur des édifices où elle ſe trouve; & excite la première admiration des curieux. Je l'ai inſinué ailleurs, & je ne crains pas de le déclarer ici ouvertement, en faiſant remarquer néanmoins qu'à préſent j'enviſage la *Cella* avec tous ſes accompagnemens extérieurs. Ce frappant naiſſoit de cette multitude de colonnes preſque toujours de marbre qui formoient les portiques, de leur belle diſpoſition, de leurs proportions élégantes ou mâles, du repos majeſtueux d'un entablement règnant tout autour de l'édifice, orné de toutes les richeſſes de la Sculpture, ou annonçant quelque choſe de fier dans ſa ſimplicité même.

C'eſt vis-à-vis de la colonnade du Louvre, de celles de la Place de Louis XV, du portique de la nouvelle Eglise de Sainte-Géneviève, c'eſt au milieu de la Place Saint-Pierre à Rome qu'il faut apprendre à aſſigner leur véritable prix aux colonnes & aux pilaſtres. Les Romains me le pardonneront, s'ils veulent, mais je n'en avancerai pas moins que la colonnade du Bernin fait tort à la façade de Saint-Pierre conſtruite par Maderne : il eſt fâcheux pour celui-ci qu'en ſortant d'un portique à quatre rangs de colonnes au nombre de près de trois cens, on aille aboutir à un frontiſpice qui n'en a en tout que huit engagées dans des niches; qui eſt armé de pilaſtres, hériſſé de balcons, terminé par une eſpèce d'attique qui n'a point de nom dans l'antiquité, dit le Chevalier Fontana.

Ce qui donnoit encore de la majeſté aux anciens Temples, c'étoit l'élévation de leur ſol au-deſſus du terrein qui les environnoit, c'étoient ces eſcaliers de cinq, ſept, neuf marches qui régnant tout autour, leur ſervoient de baſe, & conduiſoient aux portiques; c'étoit cet eſpace, qui ſéparant toujours un édifice ſacré de tout édifice profane, laissoit appercevoir de toutes parts sa structure; sa forme, ses ornemens; c'étoit cette foule de Statues de bronze & de marbre qui décoroient les avenues, & l'intérieur des portiques; ces plafonds ornés de riches peintures, de métaux précieux; ces combles couverts de bronze doré, ces grouppes allégoriques posés en amortissement sur les frontons: ici une victoire poussant un quadrige qui semble voler sur des nues légerement amoncelées; là une Junon dans un char tiré par des paons qui s'élancent dans le vague de l'air; ailleurs un Hercule aux prises avec quelque monstre, &c. De tout cela il résultoit une masse grave sans pésanteur, élevée sans avoir rien de gigantesque, riche par ses soutiens mêmes les plus nécessaires qui se changeoient en ornemens; débarrassée de ces larges pièces de maçonnerie qui forment aujourd'hui l'enceinte de nos Eglises, & qu'il est si difficile de décorer, lorsqu'on ne peut pas les cacher par des colonnes. Ces belles compositions mises sous nos yeux par la gravure nous étonnent & nous charment; quel effet ne devoient-elles point avoir pour ceux qui les voyoient en marbre ?

LE PANTHÉON.

ARTICLE PREMIER.

Degré de Conſidération dûe aux anciens monumens qui ont beſoin d'être réparés.

LA Science de l'Antiquité, l'eſtime pour les monumens qui nous en reſtent, de quelque eſpèce qu'ils ſoient, la curioſité de s'inſtruire des révolutions & des changemens qu'ils ont éprouvés, ne peut paroître futile qu'à ceux qui ne ſçavent rien, ou qui n'aiment rien. Les vrais hommes de Lettres, les Amateurs éclairés, en général tous ceux qui ont l'âme un peu ſenſible aux beautés propres des Arts, s'intéreſſeront toujours à ce qui peut leur en développer l'hiſtoire, conſerver le ſouvenir des peuples qui les ont cultivés, & fournir aux Modernes les moyens d'égaler les anciens Artiſtes. Mais il ne faut pas de fanatiſme ; il gâte le zèle le plus légitime, & s'il y a un peu d'honneur à ſçavoir eſtimer les belles choſes, il y a auſſi un peu de ridicule à les eſtimer plus qu'elles ne valent, ſur-tout à vouloir faire paſſer dans les autres l'enthouſiaſme dont on eſt ſoi-même ſaiſi. En fait de goûts, il n'en eſt peut-être aucun qui demande plus de réſerve & de critique, que celui qui a pour objet les monumens de l'Antiquité: tout ce qui porte en Sculpture & en Architecture le nom de Grec ou de Romain frappe noblement l'imagination, & inſpire de grandes idées. Dès-lors, à moins qu'on ne ſoit en garde contre le préjugé, on ſe monte ſur un ton de reſpect qui approche de l'adoration, vis-à-vis des ruines d'édifices les plus informes & du plus petit fragment de bas-reliefs: A plus forte raiſon, un Temple encore entier, un morceau de Sculpture bien conſervé, ſont-ils capables d'enthouſiaſmer, de ravir hors d'elle-même une âme plus vive que ſage.

Mais tout ce qui eſt antique eſt-il donc excellent? Tous les Artiſtes des beaux ſiècles d'Athènes & de Rome n'ont-ils produit que des chef-d'œuvres? On ne peut le penſer & le dire que dans la vue d'humilier gratuitement nos Sculpteurs & nos Architectes, ſans montrer une connoiſſance très-bornée des anciens monumens. Dans tous les tems, dans tous les pays il y a eu des talens médiocres. Il eſt à croire que tandis que le Sculpteur Diogènes travailloit pour Agrippa, des Artiſtes moins célèbres ſervoient le luxe du petit Bourgeois de Rome. On y trouvoit ſans doute, comme aujourd'hui ſur nos boulevards, des magaſins de *Godenots* à choiſir. Les Barbares, en ſuppoſant qu'ils aient fait tout le mal qu'on leur reproche, n'ont point détruit préciſément le mauvais, pour ne nous laiſſer que du bon. La vérité eſt, que ce que l'on appelle le parfait antique eſt plus rare à Rome qu'on ne ſe l'imagine; & qu'à l'exception de ces morceaux de ſculpture dont l'excellence & la réputation ſont conſacrées par le jugement des bons connoiſſeurs, tout le reſte eſt fort au-deſſous de ce qu'ont fait de beau Michel-Ange, l'Algarde, le Bernin, Puget, le Gros, Couſtoux, &c.

Combien de gens néanmoins ſont tellement prévenus en faveur de tout ce qui porte le nom d'Antique, qu'à peine daignent-ils donner un coup-d'œil aux chef-d'œuvres des meilleurs Artiſtes de nos jours, à des morceaux au bas deſquels & Phydias, & Praxitèle, & Lyſippe n'auroient point balancé de graver leurs noms; tandis qu'ils ſe pâment vis-à-vis d'une Statue tronquée; qu'ils ne paſſent pas devant Paſquin ſans l'admirer, quoique Paſquin n'ait ni bras, ni jambes, ni nez, ni oreilles. Le Bernin, dit-on, regardoit ce reſte de Statue comme le meilleur morceau de Rome. Je réponds, ou que le Bernin plaiſantoit, ou qu'en habile Sculpteur, il jugeoit par ce qui ſubſiſte de cette figure de la bonté de ce qui n'exiſte plus. Il parloit de la Statue entière telle qu'il ſe la repréſentoit, & non pas du fragment qu'il avoit ſous les yeux. Mais tous les adorateurs de l'Antique ne ſont pas des Bernins;

bien peu vont au-delà de ce qu'ils voient, & font en état, comme Pythagore, de donner les proportions d'Hercule d'après la mesure de son pied.

Mais en accordant à un fragment tel que Pasquin, car il peut ici me servir d'exemple, en lui accordant toute la perfection imaginable, mériteroit-il d'obtenir dans la gallerie d'un curieux la place de préférence sur une Statue moderne, d'un dessin moins correct, je le veux, mais entière & d'un bon travail ? Il évident que la lui accorder, ce seroit faire à l'antique plus d'honneur qu'il ne lui en est dû. Qu'à la tête de tous les morceaux de Sculpture qui existent en Europe, on place le Laocoon, l'Antinoüs, l'Apollon du Vatican, le Gladiateur de Borghèse, le Gladiateur mourant, le Bachus du Capitole, l'Hercule Farnèse, &c. C'est assurément le goût & la justice qui présideroit à cet ordre, parce que le mérite de ces morceaux n'est pas précisément d'être antiques, mais d'être réellement des chef-d'œuvres. D'ailleurs, presque tous sont aussi-bien conservés qu'ils peuvent l'être, nouveau titre qui exclut toute rivalité. Mais que l'on fasse descendre de leurs piédestaux nos meilleures Statues modernes, pour y faire monter une Vestale, ou un Consul trouvé à dix pieds sous terre, & à qui il aura fallu ajouter des bras & des jambes, la moitié du visage pour leur donner une figure humaine, n'est-ce pas être dupe de son imagination, & faire parade d'un goût tout au moins puérile?

Cette manie de l'Antique dans des Amateurs ordinaires, qui ne peuvent l'afficher que par des exclamations étudiées, & de faux éloges, ne tire point à conséquence pour le moderne, mais elle a de funestes effets, quand un *Virtuose* de distinction, riche & magnifique montre de la passion pour l'Antique, & que l'antiquité est la première, la principale qualité qu'il recherche dans une Statue. On sent combien cette aveugle prédilection doit nuire aux progrès de la Sculpture. Les Artistes n'apportent d'attention, n'ont de constance à perfectionner leurs ouvrages, qu'à proportion de l'estime que l'on en fait, & de la gloire qu'ils en attendent. Mais peuvent-ils l'avoir, cette constance, quand ils sçavent que le plus foible morceau décoré du nom imposant d'Antique l'emportera sur les productions les plus ſoignées & les plus parfaites de leur ciseau? Ils ſe découragent & n'entreprennent rien de génie. Eſclaves de la biſarrerie d'un grand Seigneur, & pour ne pas ſacrifier en même-tems leur fortune & leur gloire, ils bornent leurs talens & conſacrent leur adreſſe à rapiècer de viles anticailles, bonnes tout au plus à broyer pour en tirer du ſtuc. On les voit donc ſe peiner autour d'un tronçon de Dieux ou de Héros. Déconcertés par des contours altérés, par des lambeaux de draperies à moitié ruinées, ils ſont réduits à deviner le deſſin de l'ancien Sculpteur, à modèler vingt fois les mêmes membres; & après tant d'ignobles fatigues, il ne ſort preſque jamais de leurs mains que des figures roides, diſloquées, ſans proportion & ſans grace, à qui on donne le nom d'Antiques, quoiqu'il y entre d'alliage trois quarts & demi de moderne (1).

---

(1) La *Villa Albani*, quoique charmante à tous égards, eſt pleine de cette eſpèce de fauſſe monnoie. Je puis en parler avec certitude; parce qu'il ne s'y trouve preſque pas une pièce que je n'aie vu fabriquer.

Voilà à quelle eſpèce de travail ſont aujourd'hui livrés pluſieurs Sculpteurs de Rome. J'oſe même dire, que s'il n'y avoit point eu d'Egliſes à orner dans cette grande Ville, il ſe ſeroit formé moins de bons Sculpteurs parmi ſes habitans que parmi les Etrangers qui vont y étudier l'Antique. La raiſon eſt, que ceux-ci, en retournant dans leur patrie, trouvent les occaſions d'exercer leurs talens. En France, en Allemagne, en Angleterre on n'a point cette foule de Statues bonnes ou mauvaiſes dont Rome eſt remplie. Les Princes qui veulent décorer leurs palais & leurs jardins ſont forcés de recourir au moderne. Les Artiſtes ſont donc employés, & l'art ſe ſoutient ou ſe perfectionne. A Rome au contraire, riches des dépouilles des Grecs & des anciens Romains, les Seigneurs ne penſent ſeulement pas à mettre en œuvre les talens que fournit le ſiècle préſent. Une maiſon de campagne paroît ſuperbement ornée, quand on a pu y entaſſer de vieux buſtes, des Statues couſues de fer & couvertes de mouſſe ; les morceaux rares ſont dans les appartemens. Rome a ſans doute produit de grands Maîtres en Sculpture ; mais ſont-ils en

auſſi

aussi grand nombre qu'ils auroient dû l'être, dans une Ville où le génie trouvoit tant de ressources ? Parmi cette foule d'Artistes qui y ont manié le ciseau, assez peu s'y sont acquis une célébrité universelle. Cette réputation qu'eurent autrefois dans la Grèce, & qu'ont encore aujourd'hui chez tous les peuples Phidias, Praxitèle, Lysippe, Scopas, Myron, &c. Michel-Ange, l'Algarde, le Bernin, Du Quesnoy, dit le Flamand, le Gros ; voilà à-peu-près ceux dont le nom pique la curiosité, & dont l'étranger demande d'abord à voir les ouvrages. Encore ne placé-je ces fameux Artistes au nombre des Romains, que parce qu'ils ont passé presque toute leur vie à Rome. Aucun d'eux n'y étoit né.

Ces hommes célèbres furent heureux, que de leur tems on fût à Rome dans le goût de décorer richement l'intérieur des Temples, & que les Cardinaux n'eussent pas la liberté de tester (1). L'antique ne

(1) Benoît XIV la leur a accordée ; & c'est depuis ce tems-là qu'on n'a plus vu remoderner d'an-

pouvant avoir place dans des édifices consacrés à la Religion, il falloit de nécessité faire travailler les Sculpteurs modernes; mais ceux qui les ont suivis ont trouvé tout fait pour le sacré, n'ont vû aucune estime pour le profane, & faute d'exercice, ils sont restés dans la médiocrité. Personne ne s'offensera sans doute qu'à un morceau de Sculpture excellent, & à-peu-près entier on ajoute un bras, une lyre, une massue, s'il ne faut que cette légère réparation, pour lui rendre toute sa grace, & effacer les injures du tems. Ainsi Bandinelli restitua avec succès au Laocoon la moitié du bras droit qui manquoit, & faisoit perdre à cet admirable groupe une partie de son effet; mais j'imagine que personne n'approuvera cette estime outrée de l'antique, qui condamne d'habiles Artistes à restaurer les morceaux les plus médiocres, & les plus maltraités.

On peut appliquer à l'Architecture ce

---

ciennes Eglises à Rome, qu'on n'en a point construit de nouvelles, & que celles qui étoient commencées avant cette époque attendent des frontispices.

que je viens de dire de la Sculpture. Les restes d'édifices antiques, pour peu qu'ils aient encore une forme distincte, & surtout s'ils sont seuls de leur espèce, méritent la plus grande attention, le zèle le plus vigilant, pour que nous ne perdions pas toute idée de la façon de bâtir des Anciens. Mais, encore une fois, ce zèle ne doit pas dégénérer en manie; il ne faut point sonner l'allarme, si l'autorité publique fait abattre un pan de mur qui fut autrefois du palais d'Auguste, mais qui aujourd'hui ne tient à rien, & menace d'écraser par sa chûte l'Amateur extatique qui le contemple; si à un chapiteau Corinthien dégradé, on en substitue un autre, qui donne de la grace à la colonne & fasse disparoître une difformité choquante. Mais ce chapiteau difforme, nous crie-t-on, est antique, il est du tems de Vitruve ou d'Appollodore.......... Eh bien! parce qu'il étoit beau au tems de Vitruve, faudra-t-il le laisser subsister, quoiqu'il dépare aujourd'hui tout un corps d'Architecture? En le remplaçant par un autre, change-t-on quelque chose dans la forme & l'ordonnance de l'édifice? Vaut-il mieux laiſſer tomber, pièce par pièce, & colonne & entablement, & voûte, pour goûter le prétendu plaiſir d'avoir toujours du pur antique, plutôt que de prévenir la ruine totale du monument en lui prêtant le ſecours d'un travail moderne? Nos deſcendans n'auroient-ils pas à ſe plaindre de nous, ſi par un reſpect puérile pour d'anciens édifices, nous les privions du plaiſir de contempler eux-mêmes des morceaux que nos ſoins auroient dû faire paſſer juſqu'à eux? Je conçois qu'en réparant ainſi ſucceſſivement les différentes parties d'un édifice, l'antique pourra enfin diſparoître entièrement; mais, après tout, on n'y perdra que de la brique, que de la pierre antique. La même compoſition; la même diſtribution ſubſiſteront toujours, & je crois que c'eſt ce qui doit le plus intéreſſer un homme de goût. La négligence à réparer expoſeroit à voir périr tôt ou tard & forme & matière (1).

---

(1) Ce que l'on pourroit regarder comme un crime de *lèze-antique*, c'eſt ce que fit le Borromini, quand il moderna, ſous Innocent X, la Nef de Saint-

Si à la renaissance des Arts on eût eu à Rome autant d'attention à conserver les anciens monumens, qu'on en eut à saisir leurs proportions, on verroit sur pied une multitude d'édifices que l'ignorance & l'intérêt ont annéantis. Quand la nouvelle Rome commença à naître, l'ancienne acheva de tomber, & ce fut

---

Jean de Latran. Cette Nef, comme celles de toutes les anciennes Basiliques, étoit formée par deux rangs de colonnes de différens marbres, qui soutenoient un mûr sur lequel posoit la charpente. Un Architecte moins passionné que le Borromini pour les inventions bisarres, auroit fait servir ces richesses à la nouvelle décoration qu'on lui demandoit. Le Borromini aima mieux les renfermer dans une épaisse maçonnerie, & les dérober pour toujours à la vue des Curieux. A la place des colonnes de marbre, on voit donc aujourd'hui des murailles ornées d'interminables pilastres qui s'élèvent jusqu'au plafond, & dont chaque couple est séparé par une arcade, ressource trop ordinaire des modernes. Cette Nef est riche, elle est majestueuse : cela peut être vrai; mais il n'est pas moins vrai, que l'on a sacrifié à des ornemens, d'un goût presque gothique, un grand nombre de colonnes précieuses dont il étoit aisé de tirer avantage.

de celle-ci que l'autre emprunta la plus grande partie de ses beautés. Sans remonter aux tems de Leon X & de Paul III; combien de morceaux, d'autant plus précieux qu'ils étoient uniques dans leur espèce, n'a point vu tomber le dernier siècle ? Il n'y a guères plus de cent ans qu'il subsistoit encore un reste considérable du *Septizone* de Sévère.

Tout cela a été détruit pour alligner des rues, ou pour orner les portiques de quelque nouveau palais. On ne passe point auprès de la petite Eglise de Saint-Etienne, proche le Tibre, sans gémir à la vue d'un des plus jolis édifices de l'ancienne Rome indignement dégradé. Ce monument fut autrefois, selon l'opinion la plus commune, le Temple de Vesta dont parle Horace dans l'Ode II du premier Livre. Sa forme est sphérique. Autour d'un petit corps de bâtiment règnoit un portique d'ordre Corinthien, composé de vingt colonnes de marbre blanc de Paros, & cannelées, laissant entre elles & le massif du mur un espace d'environ huit pieds. Le mur est du même marbre que les colonnes, & chaque quartier en est si bien taillé, si bien joint que l'on croiroit l'édifice plutôt creusé dans un bloc, que formé de différentes pièces. Une chose à remarquer, c'est que l'Architecte ne donna point de plinthes à ses colonnes, & que les bases portent immédiatement sur un socle, ou soubassement continu. La plus grande partie de cet édifice subsiste encore, mais que n'a-t-on pas imaginé pour lui ôter toute son élégance? On a commencé par enlever l'entablement, & après avoir lié une colonne à l'autre par des poutres, on a élevé au-dessus un toit qui donne à l'Eglise un air de kiosque ou de moulin à vent. Quand on changea ce petit Temple en Eglise, on crut apparemment que le portique ne convenoit plus; on ne renversa point les colonnes, mais les entre-colonnemens furent bouchés par de bons murs qui s'élèvent jusqu'au tailloir du chapiteau, & ne laissent plus appercevoir qu'un tiers des colonnes qui y sont solidement encastrées. Dans le vuide qui restoit entre elles & le mur, on ménagea à la gauche, en entrant, une Sacristie; mais on n'imagineroit pas, avant de l'avoir vu, à quoi est employé l'espace de la droite. Il faut le dire, pour apprendre à nos Amateurs que c'eſt par-tout pays que l'on fait des ſottiſes, & qu'on les ſouffre. Cet eſpace ſert donc d'attelier à un Maréchal qui y a ſes fourneaux, ſon enclume, tout l'attirail de ſon métier. Voilà pour qui les Romains raſſemblèrent autrefois les plus beaux marbres & taillèrent des colonnes de près de vingt pieds de fût. Cette forge dans un monument antique conſacré à la Religion, & que l'on pourroit encore reſtaurer avec ſuccès, mérite bien autant l'indignation d'un Amateur que les ignobles boutiques qui déshonorent le Louvre.

Mais je ſuppoſe à préſent que quelque jour on entreprenne de débarraſſer ce petit Temple des acceſſoires gothiques qui le défigurent, qu'on abatte les murailles qui rempliſſent les entre-colonnemens, qu'on découvre le ſoubaſſement à moitié enterré, qu'on jette hors du portique le Forgeron & ſes outils ; alors ce petit Temple ne préſentera plus que du pur antique : faudra-t-il laiſſer le portique découvert plutôt que de lui donner un entablement moderne, & ſans lequel les colonnes reſſembleront à un jeu de quilles ? Faudra-t-il laiſſer les chapiteaux à moitié ruinés, plutôt que d'ajouter ceux de leurs ornemens qui y manquent ? J'en appelle au jugement de tout homme que le préjugé ne domine pas. Ce qu'il y a de ſûr, c'eſt qu'en rendant à ce morceau les ornemens eſſentiels qu'il a perdus, on auroit un Temple dans le vrai goût antique ; ce qu'on y auroit ajouté n'empêcheroit pas qu'on ne pût le regarder comme un monument du tems des Romains.

Peut-être ne ſubſiſteroit-il plus aujourd'hui de veſtiges du Tombeau de Ceſtius ; peut-être au moins ſeroit-il dégradé au point de n'en pouvoir reconnoître la forme, ſi Alexandre VII ne l'avoit fait reſtaurer, & les Amateurs auroient à regretter de ne plus voir un Mauſolée dans le goût Egyptien, une pyramide de plus de cent pieds de haut.

On dira peut-être qu'il y a une grande différence entre réparer une édifice qui s'écroule, & changer, ſous prétexte de réparations, les anciens ornemens, lorſque le corps de l'édifice eſt encore en bon état. Cette différence bien examinée n'eſt pas auſſi grande qu'on l'imagine. Car enfin, ce qui fait crier les Virtuoſes n'eſt-ce pas l'altération de l'antique en ajoutant ou en ôtant ? Or, pour reſtaurer le Tombeau de Ceſtius, par exemple, ne falloit-il pas enlever quelques morceaux de marbre qu'avoit vus autrefois Agrippa héritier du défunt, pour en ſubſtituer d'autres tout fraîchement tirés de Carrare. Donc, pour conclure en enthouſiaſte, il valoit mieux laiſſer périr le monument, que de le ſoutenir par des marbres qui n'étoient que du dix-ſeptième ſiècle. Quant aux ornemens, il s'agit de ſçavoir s'ils ſont dégradés ou non. Dans le dernier cas, il y auroit réellement de la frénéſie à leur en ſubſtituer d'autres d'un goût différent. Dans le premier, il faut, s'il eſt poſſible, conſerver l'ancien deſſin. Mais on ſuppoſe qu'il faut abſolument des matériaux tout neufs, voilà encore de l'alliage moderne. Que faire donc ? Le voici : l'antique le plus maltraité eſt préférable au moderne le plus élégant. Laiſſons donc ſubſiſter cet attique, ces roſaces, ces feſtons, quelques mauſſades qu'ils ſoient, puiſqu'on ſeroit obligé de les remplacer par quelque chofe de mieux, il eft vrai, mais que nous aurions vu travailler.... Mais ces ornemens, outre qu'ils font délabrés, font encore de mauvais goût.... N'importe, encore une fois, les fottifes des Anciens font préférables à toute la fageffe moderne... Mais.... taifez-vous, vous êtes un Vandale. Je me tais donc, mais je n'en penfe pas moins.

ARTICLE II.

Hiſtoire du Panthéon.

Plan du Panthéon.

LE Panthéon porte dans la friſe du portique cette inſcription : M. AGRIPPA. L. F. COS. TERTIVM. FECIT. Ce qui a fait croire aſſez généralement que tout le Temple étoit l'ouvrage d'Agrippa. Mais pluſieurs Antiquaires & de grands Artiſtes ont penſé que le Panthéon exiſtoit du tems de la République, & qu'Agrippa n'avoit fait que l'embellir & y ajouter le portique. Les Antiquaires ſe ſont autoriſés d'un paſſage de Dion qui, parlant de la magnificence d'Agrippa, dit : *Qu'il acheva auſſi le Panthéon* (1). Michel-Ange étoit perſuadé que le corps de ce Temple, & le portique par lequel on y entre étoient de trois différens Architectes. Sa raiſon étoit : que la voûte, & l'ordre qui la

(1) Dion. Liv. 53.

Dumont del. *F. N. Sellier Sculp.*

VUE DU PANTHEON

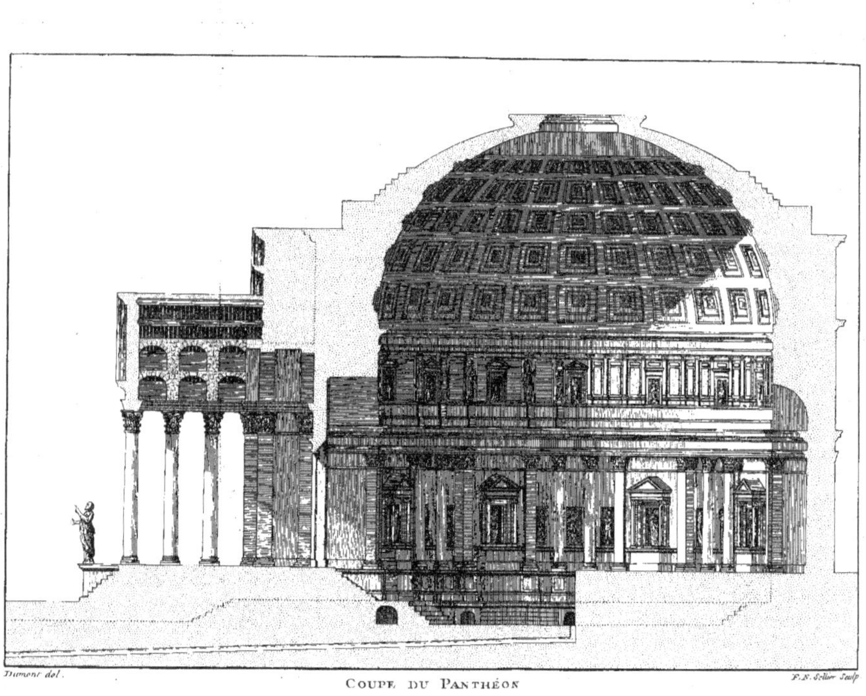

Dumont del. F. N. Sellier Sculp.

COUPE DU PANTHÉON

porte, n'ont ni la même élégance, ni des rapports exacts, & que le portique est d'une Architecture plus majestueuse que l'intérieur. Le portique paroît effectivement avoir été fait après coup; il ne tient point au corps du Temple; c'est un morceau plaqué, & derrière est un avant-corps terminé par un fronton. Quoiqu'il en soit, je prends le Panthéon tel que le laissa Agrippa, au moins tel qu'il étoit avant les irruptions des Barbares.

Description du Panthéon.

La forme du Panthéon est circulaire, de là son nom moderne de *Rotonde*. On lui donne dans œuvre 144 pieds de diamètre, & autant depuis le sol jusqu'au grand œil par où il reçoit le jour. L'ordonnance est Corinthienne; l'intérieur est divisé en sept grandes Niches ou Tribunes (1) ménagées dans l'épaisseur du mur. Six sont couvertes en plate-bandes, celle qui répond à la porte d'entrée est arquée en plein ceintre. Devant chaque Tribune sont deux colonnes de *jaune antique*, cannelées & d'un seul bloc; ce qui joint aux

(1) Ces Tribunes sont ce que l'on nomme des Chapelles dans nos Eglises.

deux qui flanquent la Tribune du fond & portent l'entablement en ressaut, fait quatorze colonnes des plus belles qu'il y ait à Rome. Toutes les murailles du Temple, jusqu'à la grande corniche inclusivement, sont revêtues de marbres précieux en compartimens. La frise est toute entière de porphyre. Sur la grande corniche s'élevoit un *attique* dans lequel étoient ménagées au pourtour quatorze Niches en quarré-long; entre chaque Niche étoient quatre pilastres, entre chaque pilastre des panneaux aussi de marbre & de différentes formes. Cet attique avoit son entablement complet. Sur cet entablement naît immédiatement la voûte distribuée en larges bandes perpendiculaires & transversales. Les Méridiens & les parallèles d'une Mappemonde représentent assez bien leur symétrie (1). Les vuides ou caisses formées par ces bandes diminuent de grandeur à mesure qu'elles approchent du haut de la voûte où elles

---

(1) C'est sur ce modèle qu'a été construite la voûte du nouvel Amphithéâtre de l'Académie Royale de Chirurgie.

n'arrivent pas, y ayant entre elles & le grand œil un eſpace plane aſſez conſidérable.

Pour mettre plus de légéreté dans une voûte ſi hardie, l'Architecte n'a rempli le fond des caiſſes que de chaux & de pierre-ponce. Les parois étoient revêtues de plomb & de bronze rehauſſé d'argent ciſelé, & le fond portoit une roſace du même métal. La voûte étoit couverte en dehors de lames de bronze doré. Le mur extérieur du Temple s'élevant perpendiculairement juſqu'à la moitié de la partie convexe de la voûte, on a ménagé ſur cette convexité ſept degrés, qui donnent la facilité de monter par dehors juſqu'au ſommet de la voûte. Si l'on en croit quelques Auteurs, ces degrés furent ornés dans la ſuite de Statues rangées comme ſur un Amphithéâtre. Cette opinion eſt fondée ſur un paſſage de Pline, qui dit que le Sculpteur Diogènes décora le Panthéon de belles Statues, mais dont on ne pouvoit appercevoir toute l'excellence à cauſe de leur élévation. Pour moi, je croirois volontiers qu'il faut entendre par ces Statues, celles qui occupoient les Niches intérieures de l'attique, ou peut être auſſi celles qui étoient ſur les acrotères du portique. Ce portique eſt octoſtyle & formé par ſeize colonnes de granit d'un ſeul bloc & de plus de quatre pieds de diamètre. Les poutres qui formoient le plafond du portique étoient revêtues de bronze, les portes & les pilaſtres qui accompagnent le chambranle ſont auſſi de ce métal. On montoit au portique par ſept ou neuf degrés. Tel étoit le Panthéon que ſa richeſſe faiſoit mettre par Pline au rang de ce qu'il y avoit de plus beau à Rome.

Je n'ai point parlé de huit petits Autels placés en ſaillie entre les grandes Tribunes, parce qu'ils ne ſont pas antiques. Ils me paroiſſent dater du ſiècle ou le Panthéon fut changé en Egliſe, & ce qu'on y voit de bon eſt même beaucoup plus moderne. Ce qui me le perſuade, c'eſt que les chapiteaux & les baſes des colonnes ne ſe reſſemblent pas. Ici c'eſt du Corinthien, là c'eſt du compoſite; quelques colonnes ont des baſes Corinthiennes, d'autres en ont d'attiques, & celle-ci ſont du travail le plus groſſier. On voit là le goût de rapſodie propre des ſiècles barbares, dont j'aurai ailleurs occaſion de

citer

citer des exemples encore plus frappans.

L'éruption du Vésuve, arrivée sous Titus, causa au Panthéon un dommage considérable. Il fut réparé par Domitien; ce qui a fait regarder ce Prince par quelques Auteurs comme le fondateur de l'édifice. L'Empereur Adrien y fit aussi travailler, mais il paroit que Septime Sévère fut celui à qui le Panthéon dut davantage depuis sa construction. Ses Prédécesseurs n'avoient fait peut-être qu'y ajouter quelques ornemens; Septime y fit des réparations essentielles. On lit cette inscription sur les faces de l'architrave du portique:

IMP. CÆS. SEPTIMIVS. SEVERVS. PIVS. PERTINAX
ARABICVS. PARTHICVS. PONTIF. MAX. TRIB. POT. XI
COS. III. P. P. ET IMP. CÆS. MARCVS. AVRELIVS
ANTONINVS. PIVS. FELIX. AVG. TRIB. POT. V
PROCOS. PANTHEON. VETVSTATE. CORRVPTVM
CVM. OMNI. CVLTV. RESTITVERVNT.

Il y a lieu de s'étonner qu'un édifice qui n'avoit pas plus de deux cens ans, en le supposant construit par Agrippa, tombât de vétusté sous Sévère. Cette dégradation, si elle étoit telle en effet que l'annonce l'inscription, serviroit à confirmer l'opinion de ceux qui le croient du tems de la République.

Ce Temple subsista dans tout son éclat jusqu'aux irruptions des Barbares. Avant cette époque, les Empereurs Chrétiens avoient donné des Edits pour faire abattre les Temples du Paganisme. Quel que fût le motif qui engagea les Romains à épargner le Panthéon, il est certain qu'il n'avoit point souffert du zèle des Pontifes, & de la précipitation des Chrétiens, avant le premier siège de Rome par Alaric. Malgré le dépouillement des Temples qui se fit alors, & peut-être sous Genséric, celui-ci conservoit encore assez de richesses, pour exciter la cupidité d'un Empereur. Constance II, vint, vers 655, de Constantinople à Rome, & la visite qu'il rendit à cette malheureuse Ville, fut celle d'un ennemi. Il acheva de dégrader le Panthéon; il enleva l'argent &

le bronze qui décoroient la voûte, & les lames de bronze doré qui en couvroient l'extérieur. Tout cela fut transporté à Syracuse ; Rome y perdit beaucoup, & Constantinople n'y gagna rien ; car les Sarrasins s'étant bientôt après rendus maîtres de la Sicile, enlevèrent les riches dépouilles que Constance y avoit déposées.

Changement du Panthéon en Eglise.

Environ cinquante ans auparavant, le Pape Boniface IV, avoit demandé le Panthéon à l'Empereur Phocas, pour en faire une Eglise ? C'étoit sentir bien tard ce que valoit un pareil édifice : si l'on eût profité des avantages que donnoient les Edits des premiers Empereurs Chrétiens, on se seroit assuré de ce beau Temple, lorsqu'il conservoit encore toute sa magnificence, & le Christianisme n'eût point eu de plus beau trophée de ses victoires sur le Paganisme. On ne conçut le dessein de le consacrer au vrai Dieu, que lorsque les Barbares y eurent porté le ravage, & que la misère des tems ne permettoit point de lui rendre ce qu'il avoit perdu. Quand on fait attention à l'époque de cet évènement, on voit que le Panthéon n'avoit rien à espèrer du côté de l'art &

du goût. En 607, on ne connoissoit plus ni la bonne Architecture Grecque, ni les finesses de la Sculpture. Les Artistes ne pouvoient que gâter ce qu'ils touchoient; & c'est sans doute à ce tems qu'il faut rapporter certaines réformes dont je parlerai plus bas. L'attentat de Constance lui porta le dernier coup. Boniface IV l'avoit dédié à la Sainte-Vierge, en 607; Grégoire IV, en 610, le dédia aussi à tous les Saints; delà son titre de *Sancta Maria ad Martyres.*

Rome, en se repeuplant après les dévastations des Barbares, changea presqu'entièrement de place; elle se resserra, les sept collines furent insensiblement abandonnées, & le Champ de Mars étant plus uni, & plus près du Tibre, fournit le terrein de la nouvelle Ville. Le Panthéon étoit dans le Champ de Mars; il fut bientôt entouré de maisons qui dérobèrent aux yeux sa belle forme, & qui adossées à ses murailles ne purent manquer de les dégrader. Des Frippiers & autres trafiquans de cette basse espèce, s'introduisirent aussi jusques dans le portique, en lièrent les colonnes par des murailles

& s'y contruisirent des boutiques. Ce désordre dura jusqu'au Pontificat d'Eugène IV : le seul zèle pour la décence du lieu Saint détermina le Pontife à faire dégager le Panthéon des maisons qui l'environnoient ; les misérables baraques du portique furent abattues, & si on ne répara pas tout le mal qui avoit été fait jusqu'alors, on en arrêta au moins le progrès.

Depuis que Constance avoit enlevé les lames de bronze doré qui couvroient l'extérieur de la voûte ; cette partie du Panthéon étoit resté exposée aux injures de l'air, ou n'en avoit été défendue que par de la tuile, jusqu'au Pontificat de Benoît II, qui la fit couvrir de plomb. Nicolas V qui avoit de grandes idées, qui cent ans plus tard, & avec un règne plus long, eût peut-être tenu dans les fastes des Arts la place qu'y occupe Leon X, Nicolas V renouvella ce plomb avec plus de magnificence.

Je ne trouve pas que depuis ce Pontife jusqu'à Urbain VIII, aucun Pape ait rien fait de remarquable pour le Panthéon. Raphaël, & voici peut-être le trait le plus propre à donner de cet ancien monument la plus grande eſtime, Raphaël, le Prince des Peintres, & l'égal des plus habiles Maîtres en Architecture, laiſſa en mourant une ſomme conſidérable pour la réparation du Panthéon où il a ſon tombeau, ainſi que Perrin del Vague, Jean d'Udine, Thadée Zucchari, Annibal Carrache, Flaminio Vacca & le célèbre Corelli. Tout le bon moderne qui décore l'intérieur eſt des derniers tems; les tableaux ſont eſtimables, les Statues, ſans être des chef-d'œuvres, font honneur à la Sculpture, ce qui prouve qu'elles ſont poſtérieures au quinzième ſiècle.

Mais qu'il ſoit permis de le dire avec tout le reſpect dû à un Pontife qui d'ailleurs a protégé & exercé les Arts : n'eût-il pas été à ſouhaiter qu'Urbain VIII ignorât que le Panthéon exiſtoit? Des inſcriptions gravées à côté de la porte annoncent qu'il le répara, mais c'eſt bien ici le cas de dire que tandis qu'il édifioit d'une main, il détruiſoit de l'autre. Il fit conſtruire ſur l'ancien avant-corps deux *Campaniles* d'aſſez mauvais goût, mais il enleva au portique ce qui lui reſtoit de ſon ancienne magnificence, ce bronze qui couvroit les poûtres, & qui étoit tellement prodigué, qu'on en tira le grand Baldaquin de la Confeſſion de Saint-Pierre, & pluſieurs pièces d'Artillerie pour le Château Saint-Ange.

Ce qu'il y a de merveilleux, c'eſt que pendant que l'on faiſoit tout ce dégât dans le portique, on ne penſoit pas même à réparer celui qu'y avoit fait le tems. De ſeize colonnes qui formoient ce magnifique morceau, il n'en reſtoit plus que treize. Les trois autres qui étoient du côté *de la Minerve* (1) avoient diſparu; avec elles étoient tombés l'entablement & un angle du fronton. Alexandre VII fit ce que n'avoit point fait Urbain VIII. En même-tems que par ſes ordres le Bernin conſtruiſoit la colonnade de Saint-Pierre, on travailloit à rétablir celle du Panthéon; & l'on fut aſſez heureux pour trouver

(1) Le principal Monaſtère des Dominicains de Rome s'appelle le Couvent *de la Minerve*, parce qu'il y eut autrefois dans le même endroit un Temple dédié à Minerve. Le Panthéon n'en eſt pas éloigné.

dans Rome des colonnes du même module que les anciennes & antiques comme elles. Quoiqu'elles soient de plusieurs tronçons & d'une couleur un peu différente, les proportions en sont exactes, l'effet en est satisfaisant. Le zèlé Pontife entreprit aussi de revêtir de marbre tout l'intérieur de la voûte, & de placer au-dessus du grand œil un lanternon pour préserver de l'intempérie des saisons ceux que le devoir & la piété amènent à cette Eglise : la mort l'empêcha d'exécuter ces derniers projets. Clément IX qui lui succéda fit entourer de grilles le portique. On n'en voit pas trop la nécessité. Leur élévation rend un peu plus difficile, mais ne rend point impossible le passage à ceux qui auroient quelque intérêt à se retirer pendant la nuit dans le portique. Ce que l'on voit clairement, ce sont de grosses pattes de fer enfoncées dans le vif du fût des colonnes, & ces colonnes notablement endommagées par les excavations qu'on y a faites pour appuyer & fixer les grilles. Sous Clément XI, le grand Autel du fond, ainsi que les petits Autels du pourtour furent refaits ou embellis.

Après avoir vu le Panthéon dans toute ſa magnificence ſous Agrippa & ſous les Empereurs juſqu'au commencement du cinquième ſiècle, on vient de le voir perdre peu-à-peu de la beauté de ſa forme & de la richeſſe de ſes ornemens. Pluſieurs Papes, outre ceux dont j'ai parlé, travaillèrent ſucceſſivement à le décorer de nouveau ; mais ces décorations étoient dans le goût des ſiècles où on les faiſoit. Le corps de l'édifice, ſon Architecture n'y gagnoient rien ; au contraire ils y perdoient, & l'on peut bien dire que des Architectes poſtérieurs au quatrième ſiècle & antérieurs au quinzième, accoutumés à ne faire que des piliers trop gros ou trop grêles ; que des Sculpteurs qui ne connoiſſoient pour tout ornement que de petites pyramides ou des *Gargouilles* devoient être extrêmement embarraſſés vis-à-vis des ordonnances & des proportions Grecques. Tous leurs talens conſiſtoient à imiter ; mais rarement l'imitation eſt heureuſe quand on manque de principes. Lorſque les *Maîtres Maçons*, qui ont conſtruit nos belles Egliſes gothiques, ont voulu imiter le chapiteau Corinthien ; on ſçait comme ils y ont réussi. Leur adresse singulière à sculpter excellemment une feuille de choux ou de chardon, se trouvoit en défaut lorsqu'il falloit orner un chapiteau de feuilles d'acanthe ou d'olivier.

Les libéralités de ces Pontifes n'avoient donc pour objet que la décoration de l'Autel principal. Elles consistoient en vases précieux, en habits propres aux cérémonies de la Religion, &c. Tout cela pouvoit être riche, mais rien de tout cela ne rendoit, au Temple, ni son ancienne majesté, ni sa première splendeur. Le bon goût des ornemens s'y établit un peu à la renaissance des Arts. De bonnes Statues prirent sur les Autels la place de ces difformes squelettes, ou de ces courtes & massives figures qui, pendant huit siècles, avoient épuisé tous les efforts & fixé l'admiration de l'ignorance. Des tableaux passablement dessinés chassèrent ces grossières Mosaïques dont les Grecs de Constantinople avoient paré les murailles de presque toutes les Eglises de Rome. On mit à profit les marbres rares & antiques que l'on découvroit dans les ruines d'anciens monumens; on en incrusta avec délicateſſe les endroits qui en étoient dégarnis. Au reſte, avant Alexandre VII, on n'avoit point penſé à toucher à l'intérieur de la voûte, on n'y toucha point après lui, & voici enfin en quel état étoit le Panthéon, lorſque par ordre de Benoît XIV, on entreprit de le *moderner*.

ARTICLE III.

Réparation du Panthéon.

JE n'ai à parler ici que de ce qui eſt l'objet des réparations faites ſous Benoît XIV au Panthéon, & de ce qui a donné lieu aux critiques amères de quelques Amateurs. Il ne s'agit que de la voûte, de l'attique & du pavé. On a refait auſſi la baluſtrade du Sanctuaire, mais cet article n'a pas dû révolter les partiſans de l'Antique, car la baluſtrade que l'on a détruire n'étoit certainement pas du tems d'Agrippa ou de Septime Sévère.

Des anciens ornemens de la voûte, il ne ſubſiſtoit abſolument que la corniche de bronze doré qui règne tout autour du grand œil. Le reſte, dépouillé des marbres & des métaux qui le couvroient, n'offroit plus qu'une maçonnerie dégradée, & d'une noirceur lugubre. Les caiſſons, autrefois garnis d'argent, retenoient encore quelques lambeaux à demi arrachés du plomb où l'argent étoit appliqué, mais tous n'en conſervoient point ; & quoiqu'on en puiſſe dire, cette triſte bigarrure annonçoit plutôt un édifice qui tombe en ruines, qu'elle ne donnoit idée de ſon ancienne magnificence. Voilà donc ce que trouvoient ſi admirable les Critiques qui ont attaqué les réparations faites au Panthéon. Je m'imagine en voir quelqu'un campé au milieu du Temple, avant qu'on y touchât, & là, endoctrinant un étranger, lui dire d'un ton emphatique : cette voûte que vous voyez aujourd'hui ſi noire, l'étoit moins autrefois ; dans ces caiſſons où il n'y a aujourd'hui que quelques morceaux de plomb, étoient du tems d'Agrippa des roſaces d'argent, &c. vous n'appercevez rien aujourd'hui de toutes ces beautés, mais je vous dis qu'elles y étoient ; fermez les yeux, ſervez-vous de votre mémoire & de votre imagination, & à coup sûr vous verrez de belles choſes. L'étranger l'écoute, & ſort enſuite très-perſuadé, que malgré tout ce que lui a dit ſon *Cicerone*, on ne feroit pas mal de décraſſer un peu cette voûte, où l'imagination ſeule voit tant de merveilles.

Que prenant la place du *Cicerone*, je conduiſe aujourd'hui au Panthéon le même étranger, j'avoue qu'il pourra être choqué du blanc de plâtre dont on a teint la voûte; mais j'arrêterai ſa mauvaiſe humeur, en lui diſant qu'on ne prétend pas laiſſer cette partie du Temple dans l'état où il la voit ; que le projet eſt de revêtir les arcs & les parois des caiſſons d'un marbre griſâtre, dont la couleur tenant le milieu entre l'enfumé qui attriſte, & le blanc qui affadit, réfléchiſſe une lumière douce qui donne de la majeſté à l'intérieur ; qu'enſuite on revêtira le fond des caiſſons d'une moſaïque azur, ſur laquelle ſeront appliquées des étoiles ou des roſaces de bronze doré. Quoique je ne mette point d'enthouſiaſme dans mon expoſé, je ſuis ſûr qu'il frappera l'étranger, parce qu'il lui fera ſentir, qu'à la richeſſe des métaux près, le Panthéon reparoîtra bientôt tel qu'il fut au tems d'Agrippa ; que l'œil ſera plus ſatisfait en y appercevant des beautés réelles & analogues aux anciennes, que l'imagination, en ſe peignant celles-ci à la vue de leurs triſtes débris.

Quant à l'attique, il y auroit de bonnes

raiſons de douter qu'il fût Antique, & de croire qu'on l'ajouta dans ces ſiècles dont les monumens s'appellent *Modernes-antiques*. La première raiſon eſt l'effet ridicule des pilaſtres qui étoient au-deſſus de la Tribune du fond. Cette Tribune eſt, comme je l'ai dit, arquée en plein ceintre, & s'élève à plus de la moitié de la hauteur de l'attique. Qu'arrivoit-il delà ? Le voici : cinq pilaſtres, & les panneaux de marbre qui les ſéparoient ſe trouvoient coupés, plus ou moins, ſelon le contour de l'archivolte (1) qui les rencontroit, enſorte que le pilaſtre qui poſoit ſur le ſommet du ceintre y perdoit au moins les deux tiers de ſa longueur, que ni lui ni les autres n'avoient par conſéquent de baſes & que tout ce morceau étoit un porte-à-faux des plus choquant.

La ſeconde raiſon eſt fondée ſur l'autorité du Chevalier Carlo Fontana, qui

(1) L'Archivolte eſt cette ſuite de moulures qui ornent le contour extérieur d'une arcade. Ces moulures varient pour le nombre & l'eſpèce, ſelon les différens ordres.

prétend qu'au lieu de ces pilaſtres, on voyoit du tems d'Agrippa les Caryatides dont parle Pline, & auxquelles les Antiquaires ont tant de peine à trouver une place dans le Panthéon. Où les mettre en effet, ſi on ſuppoſe les pilaſtres auſſi anciens que l'embelliſſement de ce Temple? L'euſſent-ils été, l'état de dégradation dans lequel ils étoient quand on a entrepris la réparation de l'édifice, exigeoit qu'on le reformât. Il ne faut pas dire que l'ancien Architecte eut en vue la ſolidité du Panthéon, quand il plaça cet attique ſur le grand ordre. Ce n'étoient point les pilaſtres qui portoient la voûte, ils n'étoient-là que de pur ornement; l'Architecte qui l'a réparé n'a pas cru ſon ſyſtême plus sûr que celui des Anciens pour fortifier les murailles; il a ſeulement ſenti la difformité des pilaſtres du fond, & il a choiſi un genre de décoration qui n'étoit point expoſé aux mêmes inconvéniens. Rien d'ailleurs n'y rappelle le goût du Borromini (1), & il convient à l'endroit où on l'a employé.

(1) Le Borromini n'a que trop juſtement mérité auprès de la plupart des connoiſſeurs le titre de cor-

On

On a encore eu moins de raiſon de s'élever contre la *refaction du pavé*, que contre les autres réformes, & rien ne prouve mieux que cette critique, combien le préjugé empêche de bien examiner les objets & précipite les déciſions. Où les Cenſeurs ont-ils pris, que ce pavé étoit antique, je dis antique du tems d'Agrippa ou de Septime Sévère? Les marbres, au moins ce qui en reſte de plus précieux, en ſont

---

rupteur de la bonne Architecture. Pour juger de ſon goût & ſe former une juſte idée de ſa manière de conſtruire & de décorer, il ſuffit de voir l'Egliſe des Théatins. Le Frère Guarini qui donna le deſſin de ce Temple, étoit à coup sûr un élève du Borromini, ou avoit adopté ſes principes. On retrouve dans ſon édifice, le biſarre, le peſant, le mauvais goût des profils & des ornemens que l'on apperçoit dans le Collège de la Sapience, dans le Séminaire de la Propagande, dans la Nef de Saint-Jean-de-Latran, dans *San-Carlino alle quatro Fontane*, & dans d'autres édifices conduits à Rome par le Borromini. Il donnoit évidemment dans le Gothique, & l'Architecture Grecque ſeroit encore à renaître en Europe, ſi depuis 300 ans toutes les têtes euſſent été organiſées comme celle de cet Artiſte.

antiques ; mais le deſſin , les compartimens le ſont-ils ? Si tout cela eſt poſtérieur au ſixième ſiècle , nous n'y voyons qu'un ouvrage des tems Barbares , lequel ne mériteroit quelqu'attention , qu'autant qu'il ſeroit encore en bon état ; mais il n'en eſt rien & ce pavé demande abſolument qu'on le refaſſe.

Montjoſieu , Gentilhomme du Rouergue & habile Mathématicien , étant à Rome en 1583 , à la ſuite du Duc de Joyeuſe , examina en connoiſſeur les anciens monumens de cette fameuſe Ville. Le Panthéon fixa ſur-tout ſon attention, & mérita ſes plus profondes recherches. Il conſidéra en Architecte cet édifice , & après en avoir rapproché toutes les dimenſions viſibles , il trouva que , toutes les parties du Temple qu'il avoit ſous les yeux étant Corinthiennes , le réſultat des proportions de l'enſemble donnoit cependant du Dorique ? Moins réſervé dans ſes jugemens , il eût tout de ſuite attaqué & l'Architecte qui conſtruiſit le Temple , & Pline qui , malgré un ſi grand défaut , le met au rang des plus parfaits ouvrages de l'univers. Il chercha un ſyſtême pour concilier l'Architecte & l'Historien. Il imagina donc qu'en abaissant le sol de l'intérieur d'autant de pieds qu'il en falloit pour ôter le court & le massif propre du Dorique, & en ramener toutes les parties aux proportions Corinthiennes, il rendroit au Panthéon l'exactitude & le *svelte* qu'il eut autrefois. Il proposa son opinion dans un petit ouvrage Latin intitulé *Gallus Romæ Hospes*, qui ne fut imprimé qu'en 1586, & lorsque l'Auteur n'étoit plus à Rome. Cette opinion a paru si plausible au Cavalier Fontana qu'il l'a adoptée.

Ce Sçavant Architecte, à la suite de sa description de la Basilique du Vatican, donne celle du Panthéon accompagnée de la coupe de l'édifice. On y voit, qu'à quelques pieds du socle des colonnes commençoit un escalier de cinq marches qui régnoit tout autour du Temple, & aboutissoit à un sol uni au milieu duquel étoit une espèce de puits destiné à recevoir les eaux du Ciel qui tomboient par le grand œil. Mais ce qui me paroît conclure en faveur de cette opinion, c'est

Coupe du Panthéon.

qu'à ſept ou huit pieds au-deſſous du ſol que l'on voit aujourd'hui, il exiſte véritablement un autre pavé. J'ai interrogé là-deſſus pluſieurs Artiſtes, qui tous m'ont aſſuré l'exiſtence de ce pavé inférieur. Cela étant, que devient l'antiquité de celui que les Critiques ne veulent pas qu'on refaſſe? N'eſt-il pas évident que le vuide dont parlent Montjoſieu & Fontana, a été comblé, qu'il n'a pu l'être avant Conſtantin, avant que le Chriſtianiſme commençât à s'enrichir des dépouilles du Paganiſme, & qu'il ne l'a été au plutôt, que lorſque Boniface IV changea le Panthéon en Egliſe?

Mais quand on ignoreroit quand & comment le ſol du Panthéon s'eſt élevé, au moins faut-il reconnoître qu'il n'a pas toujours eu l'élévation qu'on lui voit aujourd'hui. Cela s'apperçoit par les plinthes des colonnes qui ſont enfouies de plus des deux tiers de leur hauteur; il y en a même qui ſont abſolument au niveau du pavé. Dira-t-on que c'eſt-là un ouvrage des Architectes qui fleurirent depuis Auguſte juſqu'à Sévère? L'enfouiſſement d'une partie si agréable de la colonne, ne peut dater que des siècles de la Barbarie, où peut-être même de quelques tems plus voisins du nôtre. Le Panthéon est sur un terrein extrêmement bas; pour peu que le Tibre grossisse, ses eaux pénètrent par les égoûts dans cette Eglise, & en six semaines j'y en ai vu deux fois près d'un pied. En ruinant l'ouvrage des anciens, on perdit apparemment le secret qu'ils avoient imaginé pour arrêter les eaux du fleuve. On sacrifia donc l'élégance aux intérêts de la santé & à la décence du Service Divin, on éleva le sol du Panthéon, comme on a élevé celui des Thermes de Dioclétien changés aussi en Eglise. Dans ces différens changemens, il n'étoit pas possible que les marbres qui formoient le pavé ne se brisassent, & ne fussent successivement remplacés par d'autres sur lesquels ni Auguste, ni Agrippa n'avoient marché: ils sont aujourd'hui dans un état à exiger une nouvelle réparation.

Il reste un point sur lequel je n'ai garde de vouloir justifier ceux qui l'ont proposé, c'est le *lanternon* à placer sur le grand œil de la voûte. Cette idée n'est cependant pas de l'Architecte, elle vient de plus haut, & on y est tellement attaché, qu'on ne veut point entendre parler d'embellir la voûte, à moins qu'on ne la garantisse par ce lanternon des injures du tems. Il faut avouer que cette ouverture de la voûte est extrêmement incommode pour ceux qui sont dans l'Eglise : par-là, avec la pluie, la grêle, la neige tombent des rhumes & des cathares de toute espèce; mais la boucher par un coupolin, c'est surcharger l'édifice, altérer l'effet de la lumière qu'il reçoit par cet œil, c'est tellement changer sa forme, que ceux qui ne l'auront pas vu tel qu'il est aujourd'hui, & qui y verront cet accessoire moderne, ne comprendront pas comment toutes les parties intérieures du Temple pouvoient être également éclairées par ce seul endroit; que l'artifice de l'Architecte ayant disparu, on traitera peut-être d'ignorance ce qui supposoit en lui la plus grande habileté; que comparant l'immense voûte & son lanternon avec nos coupoles élancées & pyramidales, on s'en prendra aux Anciens d'une disproportion qu'il ne faudroit attribuer qu'aux Modernes.

Il est à souhaiter que ce projet n'ait pas lieu; & que ceux qui le favorisent ne renoncent point, en l'abandonnant, à donner au Panthéon tous les embellissemens qu'ils lui destinent. Les succès de leur zèle feront taire la Critique, & on leur devra l'avantage de revoir à-peu-près dans son premier état, le plus beau, le plus précieux monument de la magnificence Romaine.

Je crois avoir mis les Amateurs de l'Antique en état de juger, si les réparations faites au Panthéon sont aussi absurdes que quelques Virtuoses de mauvaise humeur ont voulu le persuader. Tout fanatisme en matière d'art écarté, la raison seule consultée, on applaudira à des soins qui ont pour objet, non pas d'anéantir les beautés de l'ancienne Rome, mais d'effacer les traces de la barbarie & de l'ignorance. Nous avons à nous plaindre des siècles passés qui ont négligé un si riche morceau d'Architecture, nos descendans n'auront qu'à se louer du nôtre qui lui rend tout ce qu'il peut de son ancienne magnificence.

Panthéon étoit-il un Temple consacré à tous les Dieux.

Me permettra-t-on, comme à tant d'autres, une conjecture sur ce qu'étoit autrefois le Panthéon. L'opinon la plus ancienne & la plus générale est, que cet édifice fut un Temple consacré à tous les Dieux; mais elle a été combattue par quelques Littérateurs qui ont prétendu que ce que l'on croyoit un Temple, n'avoit jamais été qu'un bain faisant partie des Thermes d'Agrippa. Ceux qui l'ont cru un Temple se sont fondés sur la plus ancienne Tradition, sur le nom même du monument, sur le témoignage positif de quelques Historiens. On ne peut guères souhaiter de meilleures preuves. Elles n'ont cependant pas convaincu les Adversaires, qui selon moi, auroient dû, après les avoir bien pésées, accorder au moins au Panthéon le nom de Temple. Ils ont cru trouver une raison de le regarder comme un bain, dans sa proximité des Thermes d'Agrippa, dans sa ressemblance avec d'autres édifices qui étoient réellement des bains, tels que l'Eglise des Feuillans & le Vestibule de l'Eglise des Chartreux qui appartenoient aux Thermes de Dioclétien. Enfin, ils se sont autorisés d'un passage de Dion, qui dit que le nom de Panthéon lui paroit tiré plutôt de sa forme semblable à la voûte céleste, que d'une vraie consécration à tous les Dieux. Mais, 1°. la proximité du Panthéon des Thermes d'Agrippa ne prouve nullement qu'il en fît partie : 2°. Les morceaux des Thermes que l'on cite sont bien postérieurs au Panthéon. L'Architecte frappé de la beauté & de la hardiesse de celui-ci, a pu vouloir les imiter, & montrer que son habileté égaloit celle des anciens Architectes : 3°. Le passage de Dion jette des doutes sur le véritable objet de ce monument, mais il ne fait que fournir matière à la dispute.

Je crois qu'on peut profiter de cet endroit de Dion, ainsi que de quelques autres qui le précèdent & le suivent, pour regarder le Panthéon comme un monument allégorique des Victoires d'Auguste. Agrippa le fit embellir dans son troisième Consulat, l'an 729 de Rome. Auguste venoit de terminer alors une guerre difficile, occasionnée par la rébellion des Salasses, des Cantabres, des peuples de l'Asturie. Varron avoit réduit les Salasses, Auguste lui-même avoit fait reprendre le joug aux Cantabres, tandis qu'en Allemagne Vinicius châtioit quelques Cantons où des Marchands Romains avoient été égorgés. Une paix générale succéda à ces troubles, & le Temple de Janus fut fermé pour la seconde fois depuis qu'Auguste étoit sur le Trône.

On voit que ces différentes expéditions avoient pour objet, non pas de nouvelles conquêtes, mais le châtiment des peuples déja soumis, & dont la révolte demandoit une vengeance prompte & éclatante. Ne seroit-ce point à celle que tira Auguste, qu'il faudroit attribuer le titre *Jovi Vltori* donné par Agrippa au Panthéon? sous le nom de *Jupiter*, n'auroit-on pas voulu représenter Auguste lui-même? Agrippa n'étoit point adulateur, mais il étoit gendre du Maître de l'univers, & dans son zèle pour l'embellissement de Rome, il put consulter sa reconnoissance envers le Prince qui l'avoit fait entrer dans sa famille : les circonſtances heureuſes qui donnoient lieu à ce monument juſtifioient dans l'eſprit des Romains ce que ſa dédicace avoit d'extraordinaire. Il n'étoit point permis de conſacrer des Temples aux Héros encore vivans. En dédiant celui-ci à Jupiter, on ménageoit la modeſtie de l'Empereur, on reſpectoit les uſages de la Nation, & l'on éterniſoit néanmoins le ſouvenir d'un évènement glorieux à tout le peuple Romain. Ainſi ce peuple gagné par la bonté de Jules Céſar après la bataille de Pharſale, érigea un Temple *à la Clémence de Céſar* ; ainſi charmé des vertus de Titus en érigea-t-il un autre *à la perpétuité des Flavius*. Il eſt évident que ce n'étoit-là que des monumens héroïques deſtinés à mettre ſous les yeux de la poſtérité les bienfaits du Maître & la reconnoiſſance des Sujets. Faiſoit-on des ſacrifices à la Clémence de Céſar, lorſque Céſar n'étoit plus ? *La Perpétuité des Flavius* étoit-elle une Divinité à qui on pût demander des graces ? Le Panthéon étoit bien un Temple en ce ſens qu'il portoit le titre du Maître des Dieux, & renfermoit les Statues de quelques autres ;

mais je ne penſe pas qu'on on y fît des ſacrifices, & qu'on y honorât Jupiter par l'immolation des Victimes.

Quant à ſon nom, il ne me paroît pas une preuve déciſive que le Temple fût conſacré à tous les Dieux de l'Olympe, de la Terre & des Enfers. Pour l'être en effet, il eût fallu qu'il contînt les Statues de tous les Dieux, ce qui étoit impoſſible, ſi on ne vouloit pas les y entaſſer comme dans un magaſin, ou au moins une Statue *Panthée*, qui les repréſentât tous. Or, on ne nomme parmi les Simulacres qui décoroient l'intérieur que ceux de Jupiter, de Mars, de Pallas, de Vénus, d'Hercule, de Jules-Céſar. Neptune n'auroit certainement pas cédé la place à Mars; Junon & Diane avoient de juſtes prétentions vis-à-vis de Pallas, & plus encore vis-à-vis de Vénus rivale éternelle de l'une & de l'autre.

Mais, dit-on, le Panthéon fut auſſi conſacré à Cybèle, Mere des Dieux, & cela ſuffit pour autoriſer la dénomination du monument. . . . . Oui, il le fut, mais au tems de la République. En perdant ſon ancienne forme ſous Agrippa, il perdit aussi son ancien Culte. Il conserva le même nom, sans que l'objet qui le lui avoit fait donner fût exactement le même. J'appuie ma conjecture d'un passage de Pausanias : » On voit, dit-il, à Altis un grand » Temple d'ordre Dorique, que les habitans, conservant l'ancien nom, appellent aujourd'hui *Matroum*. On n'y voit » cependant aucune Statue de la Mère » des Dieux ; l'intérieur n'est orné que » de Statues d'Empereurs Romains «. (1) Je conclus de ce passage, 1°. que le Temple d'Altis n'étoit pas un Temple proprement dit, mais un monument érigé à la gloire des Vainqueurs de la Grèce. On l'appelloit *Matroum*, parce qu'autrefois il y avoit eu en effet dans cet endroit un Temple consacré à la Mère des Dieux : 2°. Que le nom de Panthéon ne suppose pas plus un édifice consacré à tous les Dieux, que celui de *Matroum* un Temple consacré à Cybèle. La Statue de la Déesse n'étoit ni dans l'un ni dans l'autre, &

(1) Eliac. 1. Cap. 20.

c'étoit uniquement l'habitude qui faisoit appeller le premier *Matroum* & le second *Panthéon*.

Si cependant on veut absolument que celui-ci ait été consacré à tous les Dieux, par tous ces Dieux, j'entendrai tous ceux qui avoient des rapports plus directs avec le peuple Romain & avec la famille de l'Empereur. Jupiter étoit le Père des Dieux & des Hommes, il convenoit qu'il eût la première place, aussi étoit-il dans la Tribune du fond. Mars Dieu de la Guerre, & regardé comme le Père de Romulus fondateur de la Nation la plus guerrière qui ait jamais existé, rappelloit toute la noblesse de l'origine & la gloire des conquêtes. Pallas partageoit avec Mars l'emploi de présider aux batailles & de former à l'héroïsme; & puisqu'elle occupoit une place dans le Temple de Jupiter Capitolin, elle devoit en avoir une dans le Panthéon. On voit, sans que je le dise, pourquoi Vénus y étoit; d'elle descendoit Auguste adopté par Jules-César; & ce qui est à remarquer, c'est qu'elle portoit aux oreilles le reste de cette belle perle que Cléopatre consuma dans un repas vis-à-vis d'Antoine. Ce bijou devenoit un monument précieux & flateur de la Victoire d'Actium. Hercules étoit le modèle des Héros, Jules-César le Fondateur du nouvel empire, ils figuroient bien l'un vis-à-vis de l'autre. La Statue d'Auguste eût accompagné celle de Jules, si la modestie de ce Prince ne s'étoit opposée au dessein d'Agrippa ; mais elle décoroit le portique avec celle de son gendre, & toutes deux occupoient les grandes Niches qu'on y voit. Je sçais qu'il en reste encore beaucoup à remplir dans l'intérieur, mais les Historiens ne me disant pas ce qui y étoit, j'y mettrai ce que je voudrai, dès que j'ai fait occuper les principales par les Statues que je trouve citées.

Le tems où fut réformé & embelli le Panthéon, les Divinités qui y avoient leur Simulacre, les ornemens qui le décoroient, les différentes opinions des plus anciens Auteurs sur sa destination, surtout son titre de *Jovi Vltori*, tout me porte à croire, qu'Agrippa, en l'enrichissant, n'eut en vue que de laisser à la postérité un monument des Victoires d'Auguste sur les Salasses, les Cantabres, les Asturiens,

&c. Au reste, ce n'est ici qu'une idée d'Antiquaire que je ne prétends pas défendre.

TEMPLES

TEMPLES

DU

CHRISTIANISME.

LA partie la plus agréable de l'Hiſtoire de l'Architecture eſt ſans doute celle qui prenant ce bel Art à ſon origine, ſuit ſes progrès, décrit ſes chefs-d'œuvres, fixe le tems de ſa perfection dans la Grèce & l'Italie. Avec quel plaiſir n'y voit-on pas l'eſprit humain ſe développer & s'étendre? Mais ſi les faits frappent plus vivement à proportion qu'ils ſont plus extraordinaires, il eſt moins ſurprenant de voir les hommes profiter de leurs découvertes pour perfectionner insensiblement un Art, que de les voir perdre tout-à-coup jusqu'à l'idée de la perfection, malgré la multitude des excellens modèles qu'ils ont sous les yeux, oublier les règles les plus faciles, négliger les principes les plus naturels de décoration, passer de la plus grande élégance à la plus choquante grossièreté, & en moins de deux siècles rendre inutiles les travaux de tant d'Artistes ingénieux qui les avoient précédés.

C'est sur une révolution si étonnante dans l'Histoire des Arts que j'ose encore communiquer aux Amateurs quelques observations. Sans m'engager à fixer au juste les époques des différens goûts qui se sont succédés dans la construction de nos Temples, je m'attacherai aux siècles qui offrent des différences plus marquées. Assez d'Auteurs anciens nous ont parlé des incursions des Barbares dans l'Empire Romain, mais aucun ne s'est appliqué à nous peindre les changemens qu'elles ont produits dans les Mœurs, les Sciences & les Arts. Cependant, cet objet méritoit au moins autant leur attention, que les Batailles, les Massacres, les Incendies dont ils nous ont fait tant d'affreux tableaux.

Leur ſilence ſur la partie la plus intéreſſante de l'Hiſtoire, nous réduit aujourd'hui à deviner, à nous jetter dans des conjectures qui ſouvent ne nous ſatisfont pas nous-mêmes, & qui pour mériter quelque confiance de la part du public demandent la plus profonde étude, une connoiſſance parfaite de l'Antiquité. Heureuſement pour moi, je n'ai à parler ici ni de Gouvernement, ni de Politique, ni de Philoſophie. Les Monumens qui vont m'occuper n'exigent que des yeux, & un peu d'eſprit de comparaiſon. Je les conſidérerai donc dans trois âges différens : depuis le quatrième ſiècle, juſqu'au neuvième; depuis le neuvième juſqu'à la fin du quinzième; & depuis ce tems-là juſqu'à nous.

Le Chriſtianiſme n'avoit point attendu le quatrième ſiècle pour avoir des lieux conſacrés aux cérémonies de la Religion, & deſtinés aux aſſemblées des Fidèles; mais pourſuivi preſque ſans relâche par des ennemis cruels, il ne ſe diſtinguoit dans les Villes que par la vertu & le courage de ſes enfans. Nul monument conſidérable ne l'annonçoit. Les Temples du Paganiſme frappoient, de tous côtés, les yeux par leur majesté & leur richesse ; ceux du vrai Dieu, d'abord pratiqués sous terre, échappoient à la curiosité inquiète des persécuteurs. Tout au plus une salle ménagée dans l'intérieur de quelque maison profane, étoit le bercail où les Pasteurs rassembloient leurs troupeaux timides, le Sanctuaire où la Divinité étoit véritablement adorée, l'asyle des seuls hommes religieux qui fussent alors sur la terre.

Si l'on en croit quelques Auteurs Ecclésiastiques, les Chrétiens avoient avant le règne de Constantin des Eglises spacieuses & ornées, puisque, selon eux, le premier soin de ce Prince après la défaite de Maxence, fut de réparer les Temples du vrai Dieu. A prendre à la lettre le témoignage de ces Ecrivains, on ne pourroit le faire valoir tout au plus qu'en faveur des Eglises de l'Orient, de l'Asie-mineure, par exemple, de la Syrie, de la Basse-Egypte : il ne sçauroit regarder celles de l'Occident. Quoique depuis Trajan jusqu'à Constantin les Empereurs fissent autant de séjour en Asie qu'en Europe ; il paroît que le Christianisme étoit plus gêné dans cette partie du monde que partout ailleurs. Sous les Princes plus modérés que Dioclétien, on put profiter des momens de paix qu'ils accordoient pour abandonner les Catacombes (1), & ériger, à la vue des Payens mêmes, quelques monumens uniquement consacrés au Culte Divin ; mais il n'y eut point de vraie liberté, tandis que les Empereurs furent idolâtres. Par conséquent, la crainte toujours présente d'une révolution prochaine, empêcha de donner aux Eglises une grandeur qui eût excité la jalousie des Infidèles, & attiré de nouvelles tempêtes. Ces grandes, ces riches Eglises dont parlent Eusébe & Nicéphore, n'étoient riches, que par comparaison avec les souterreins, avec les Oratoires où l'on

(1) Les *Catacombes* étoient originairement des Sablonnières excavées aux portes de Rome, dont les Chrétiens des deux premiers siècles profitèrent pour se dérober à la persécution. En creusant toujours devant eux, ils formèrent enfin des Villes souterreines d'une vaste étendue. De distance en distance, étoient ménagés des carrefours destinés aux pieuses assemblées des Fidèles, & à la célébration des Saints Mystères. Ces Catacombes sont, selon moi, une des curiosités les plus frappantes des environs de Rome.

ſe raſſembloit en ſecret dans les tems de perſécution. Elles étoient aſſez publiques pour que les Payens n'ignoraſſent pas qu'elles exiſtoient, elles étoient trop ſimples pour qu'on y apperçût quelque ſorte d'envie de le diſputer aux Temples des faux-Dieux.

Il n'exiſte aujourd'hui aucun de ces monumens de la Religion naiſſante & perſécutée ; mais pour s'en former une juſte idée, il ſuffit de conſidérer ceux qui furent érigés à ſa gloire, quand elle eut pour elle les Maîtres du monde ; & qu'elle put hardiment braver l'idolatrie. Rome en poſsède encore pluſieurs conſtruits ou ſous le règne de Conſtantin lui-même, ou ſous celui de ſes enfans & de ſes Succeſſeurs, juſqu'à la chûte totale de l'Empire. Ce que j'en dirai ſera le commentaire des deſcriptions que font les Annaliſtes des Temples de leur ſiècle.

C'eſt donc du règne de Conſtantin qu'il faut dater, pour raiſonner avec quelque certitude ſur la forme, l'Architecture & la décoration des premiers Temples du Chriſtianiſme en Occident. Ce Prince ne ſe contenta point, après la défaite de Maxence, de réparer les Egliſes qu'il trouva déja conſtruites. Il voulut ſignaler ſon zèle par des monumens qui annonçaſſent le triomphe de la Religion qu'il ſe préparoit à embraſſer. Il auroit pu l'enrichir de quelques-uns des plus beaux Temples du Paganiſme, & la poſtérité en louant la piété de Conſtantin eut admiré ſon goût. Mais, ſoit que les plus vaſtes Temples de Rome lui paruſſent encore trop petits, ſoit qu'il crût devoir dans les commencemens ménager les Idolâtres, il voulut du neuf, & donna ſon propre palais de *Latran* au *Mont-Cœlius*, pour y conſtruire la première Egliſe Chrétienne qui ait porté le titre de *Baſilique*. Bientôt après, il fit bâtir celle de Saint-Pierre au *Mont-Vatican*, & tout de ſuite celle de Saint-Paul ſur le chemin d'Oſtie : le même Plan ſervit pour ces trois édifices ; & quand j'aurai décrit celui de Saint-Paul, le ſeul qui ait conſervé ſa forme primitive, on ſe peindra exactement les autres. Mais il faut d'abord conſtater la véritable origine du titre de Baſilique qu'on leur donna, & qu'ont porté enſuite preſque toutes nos grandes Egliſes.

Deſcription d'une Baſilique.

Ceux qui ont trouvé de grandes difficultés à fixer cette origine, ou ne connoiſſoient pas Vitruve & ſes Commentateurs, ou n'avoient point vu Saint-Paul de Rome, ou n'avoient point rapproché la ſtructure de cette Egliſe des règles que donne l'Architecte Romain pour la conſtruction des édifices appellés *Baſiliques*. Ceux-ci conſiſtoient en un corps de bâtiment ordinairement deux fois plus long que large, & terminé en hémicycle à une de ſes extrémités. Deux rangs de colonnes, chaque rang composé d'un double ordre, règnoient dans toute la longueur de l'intérieur, & formoient au plain-pied dans le milieu une grande allée de colonnes à colonnes, & deux petites allées latérales des colonnes aux murailles voûtées ou plafonées à la ſéparation du double ordre; à l'extrémité terminée en hémicycle on ajoutoit quelquefois une branche ou bras de côté & d'autre, d'où le bâtiment prenoit la forme d'un T, & ſelon quelques-uns la dénomination de *Baſilique Chalcidique*. Placés dans le voiſinage des places publiques, ils ſervoient aux Négocians, aux Plaideurs, & aux Rhéteurs. Les premiers s'y raſſembloient en hiver pour parler de leur commerce, les autres en tout tems : ceux-çi pour faire décider leurs procès par le Magiſtrat qui ſiégeoit dans l'hémicycle appellé par cette raiſon *Tribunal;* ceux-là pour réciter leurs Ouvrages & aider les Plaideurs. Mais pourquoi ce lieu d'aſſemblée fut-il appellé *Baſilique?* C'eſt qu'il avoit preſqu'entièrement la forme & les uſages de ces grands appartemens où les Empereurs & les Rois rendoient quelquefois eux-mêmes la Juſtice. Parmi les édifices publics compoſés d'un ſeul corps de bâtiment, la Baſilique paroît avoir été un des plus grands.

Appliquons maintenant ce que je viens d'en dire aux Egliſes conſtruites par Conſtantin. Ce Prince voulut du grand, parce que ſa protection alloit rendre déſormais les Aſſemblées des Chrétiens plus nombreuſes; il voulut du majeſtueux, parce que l'objet de ſes libéralités le demandoit; il voulut du commode, afin que les cérémonies de la Religion ſe fiſſent avec plus de décence; peut-être voulut-il auſſi un édifice qui retraçât le ſigne de la Croix auquel il devoit ſes plus ſolides ſuccès. Un bâtiment de la forme d'une Baſilique lui donnoit tout cela. Il ſe fixa à ce modèle, & l'employa dans toutes les Egliſes qu'il fit bâtir. La reſſemblance étoit ſi parfaite, que le nom de *Basilique*, fut donné à ces premiers Temples, qui ne différoient réellement que par l'objet & l'usage, des lieux où s'assembloient, à Rome, les Négocians & les Plaideurs. Vitruve reparoissant aujourd'hui sur là terre reconnoîtroit une Basilique dans l'Eglise de Saint-Paul. Il la retrouveroit encore en grande partie dans nos Cathédrales Gothiques, mais il la chercheroit envain dans l'Eglise de Saint-Pierre, parce qu'elle présente trop de différences dans la forme & la distribution.

S. Paul de Rome.

Après la description que je viens de faire d'une Basilique telle qu'elle étoit chez les Romains, il ne me resteroit rien à dire de celle de Saint-Paul, si l'on y trouvoit le goût, la régularité, la bonne Architecture des modèles dont elle est la copie; mais, à la forme & à la distribution près, on n'y voit rien de cette Science des proportions & des ornemens qui frappoient sans doute dans les Basiliques Antiques. Rien ne prouve mieux que ce monument à quel point étoit déja déchue l'Architecture sous Constantin. Car je ne crois pas que ce soit plutôt à la simplicité Chrétienne, qu'à l'ignorance, qu'il faille attri-

Dumont del. F. N. Sellier Sculp.

INTÉRIEUR DE L'EGLISE ET BASILIQUE DE SAINT PAUL DE ROME

buer un mépris des règles aussi affecté que celui qu'on apperçoit dans l'édifice dont je parle. Il faut en conclure que les Barbares ne firent que consommer la décadence de tous les Arts, déja bien avancée avant que les Goths eussent brûlé seulement une cabanne en Italie. Quoique Théodose le Grand ait aussi contribué à l'embellissement de Saint-Paul, on n'y apperçoit aucune différence de travail qui soit à l'avantage de Constantin. L'intervalle de cinquante ans au plus qui sépare les Règnes de ces deux Princes n'avoit pas rendu les Artistes beaucoup plus ignorans. Ainsi, je donnerai tout l'honneur de l'ouvrage à ceux qu'employa Constantin.

La forme de cette Eglise est donc, à peu de chose près, celle d'une Basilique Chalcidique. La Nef est ornée de quatre-vingt colonnes de marbre, presque toutes d'un seul bloc, qui forment cinq allées. Celle du milieu en a vingt de chaque côté : les latérales en ont autant. Des quarante qui bordent la grande Nef, vingt-quatre ont été tirées, à ce qu'on prétend, du Mausolée d'Adrien. Elles ont environ trois pieds de diamètre, sont Corinthiennes, cannelées, d'un marbre blanc & violet quelquefois bleu célefte, & l'Antiquité ne préfente rien en ce genre de plus précieux pour la matière & le travail. Les feize autres, d'un blanc grisâtre, font ce que l'on peut voir de plus groffier. Il n'y en a pas deux qui fe reffemblent dans toutes leurs proportions; il n'y en a pas une dont les cannelures foient droites, bien vuidées & d'une profondeur égale. On fent que le Sculpteur n'a travaillé qu'en tâtonnant; que deftitué de principes, il n'a pas donné un coup de cifeau, fans regarder avec inquiétude fon modèle, qu'il a cru l'avoir bien imité après avoir fillonné le fût depuis le chapiteau jufqu'à la bafe. Les quarante colonnes des bas-côtés font de Granit, & beaucoup moins groffes que les premières. Elles font liffes, en ce fens qu'elles n'ont point de cannelures rarement ufitées dans le Granit; mais la furface eft brute & même endommagée en plufieurs endroits. Dans les deux branches de la Croix, on voit auffi beaucoup de colonnes de différens marbres, mais placées fans rapport à la groffeur & à la couleur. Les bons Architectes Grecs & Romains avoient toujours pofé un entablement sur les colonnes; ceux de Constantin ne le crurent pas nécessaire, & on n'en voit nulle part dans la Nef de Saint-Paul. Sur les colonnes, liées l'une à l'autre par de petites arcades, s'élève un mur de plus de trente pieds de haut qui tient la place du second ordre employé dans les Basiliques Romaines. Les deux branches de la Croix seules sont plafonnées; la grande Nef & les bas-côtés ne sont couverts que par le toît dont on apperçoit toute la charpente.

Les premières Eglises Chrétiennes sans voûtes.

Je crois devoir faire observer ici: 1°. Que l'usage des voûtes étoit inconnu dans les premières Eglises de Rome. Ce qui me le persuade; c'est que toutes celles qui remontent à la plus haute Antiquité ne sont point voûtées, & elles sont en très-grand nombre: 2°. Que ces mêmes Eglises aujourd'hui entièrement plafonnées, ne l'ont été que dans ces derniers tems; que jusqu'au milieu du seizième siècle, il n'y avoit de plafonds qu'au-dessus du Sanctuaire, & que le reste n'étoit pas plus richement couvert, que ne le sont en France nos plus pauvres Eglises de Campagne: la meilleure preuve que j'en aie, est ce que l'on voit à Saint-Paul, ce que l'on voyoit dans l'ancienne Basilique de Saint-Pierre, dans celle de Saint-Jean-de-Latran, de Sainte-Marie majeure; & ces quatre Temples étoient les principaux de Rome. Il n'est pas probable qu'on ait plus négligé leur décoration, que celle de tant d'autres qui n'avoient ni leur dignité ni leur grandeur. On ne peut point attribuer cette singularité à la pauvreté des Fondateurs; la timidité des Architectes pourroit être soupçonnée d'y avoir eu quelque part, si l'on ne voyoit, que ceux qui voûtèrent les Thermes de Constantin, pouvoient aussi facilement voûter une Eglise. Dira-t-on que l'on voulut imiter en tout les Basiliques Payennes qui n'avoient peut-être de plafond qu'à l'endroit ou siégeoit le Magistrat? Mais Vitruve parle de voûte en décrivant la Basilique construite sur ses dessins à *Fanestre* aujourd'hui *Fano*. Quoiqu'il en soit de cet usage singulier, je me contente de l'avoir fait remarquer. Cela suffit au but que je me propose en écrivant sur les Temples des Chrétiens, revenons à Saint-Paul. Pour toute façade, il y a un portique moderne d'environ vingt pieds de haut. Le reste est un mur de briques, enjolivé de quelques mosaïques dont les figures n'ont jamais servi de modèle à Raphaël.

Voilà, ce qu'on peut appeller la *Carcasse* de l'édifice que je décris, & déja on y découvre sans doute un goût de construction qui annonce que les beaux siècles de l'Architecture sont passés. Mais qui pourroit spécifier toutes les absurdités de détail que l'on rencontre à chaque pas dans cette Eglise ? Ici, des colonnes sans base ; là, pour toute base une grosse pierre quarrée ; du Corinthien répondant à du Composite ; du Toscan & de l'Ionique à côté l'un de l'autre, &c. & de quel travail ? du plus pauvre dans le dessin, du plus lourd dans l'exécution, ce ne sont pas même de bonnes ébauches. J'excepte ce qui appartient aux vingt-quatre colonnes du Mausolée d'Adrien ; tout y est parfait. Mais ce qu'il y a de singulier par rapport à elles, c'est qu'on en a mis treize d'un côté, & onze de l'autre. Cette distraction est plus que ridicule.

La magnificence de Constantin & de Théodose ne réussit donc qu'à faire un vaste édifice. Pour le décorer, on mit à contribution une partie des monumens construits dans les meilleurs tems. Ce fut un coup funeſte porté à l'Architecture, puiſqu'il lui ôta la ſeule reſſource capable de ramener au bon goût avant que le mauvais eût entièrement prévalu. On annéantit d'excellens modèles dont on auroit dû profiter, & l'on n'en créa que de pitoyables qui furent trop bien & trop conſtamment imités.

Après la paix rendue au Chriſtianiſme, les Egliſes ſe multiplièrent à Rome plus que par-tout ailleurs. On en érigea ſur les tombeaux des Martyrs, & dans les maiſons qu'ils avoient habitées. Les Oratoires particuliers furent aggrandis, & changés en Temples publics. Les Edits portés par les Empereurs depuis Conſtance juſqu'à Théodoſe le jeune, pour la deſtruction des Temples du Paganiſme, fournirent à la Religion des dépouilles très-précieuſes, mais qui furent très-mal employées. On ne vit rien de mieux à ſuivre pour les Plans, que celui des trois grandes Baſiliques de Conſtantin, & on les répéta par-tout en petit. La ſeule différence remarquable eſt, que quelques-unes de ces anciennes Egliſes n'ont point de Croix à l'extrémité comme celle de Saint-Paul. Du reſte, elles ont comme celles-ci

des

des colonnes raſſemblées de toutes parts, diſpoſées ſans égard à leur longueur, & à leur groſſeur reſpective, à l'eſpèce du marbre, à l'ordre, aux ornemens, &c. à celles qui étoient trop longues, on n'a point donné de baſe; on en a donné deux à celles qui étoient trop courtes, & par-là tout s'eſt ajuſté. La mode des entablemens étoit paſſée; il en coûtoit trop pour ſculpter une friſe, & tailler les moulures d'une corniche. Des Maçons avoient plutôt élevé un mur tout nud ſur de petites arcades; & ce mur ſe trouve par-tout.

Ce ſeroit courir riſque d'ennuyer, que de pouſſer plus loin ces détails. Celui qu'on vient de lire m'a paru néceſſaire pour appercevoir les premières nuances tranchantes qui ſéparent la bonne Architecture Grecque de la mauvaiſe. En un mot, & pour n'y plus revenir, toutes les Egliſes de Rome, excepté d'eux ou trois *Rotondes*, & celles qui ont été conſtruites, ou *modernées* depuis la renaiſſance des Arts, ſe reſſemblent dans le plan. Toutes ont les mêmes défauts, toutes ne préſentent, dans leurs plus riches ornemens, qu'une miſérable rapſodie de pièces de toutes formes & de toutes couleurs, placées ſans goût & ſans intelligence : voilà les chef-d'œuvres de douze ſiècles conſécutifs. Quand on les a vus, on ſçait à quoi s'en tenir ſur cette magnificence que leur donnent les Auteurs des Vies des Papes, tels que le Bibliothécaire Anaſtaſe, Platina, &c.

Peu d'anciens Temples changés en Egliſes.

Un Etranger allant à Rome, après avoir lû nos Annaliſtes Eccléſiaſtiques, s'attend à voir cette Ville remplie de beaux monumens Antiques, que la Religion a ſauvés des ravages du tems & de la barbarie. Mais quelle eſt ſa ſurpriſe de n'en trouver que cinq ou ſix, dont un ſeul s'annonce, & ſe fait connoître au premier coup-d'œil ! Non, dans tout Rome moderne, on ne voit que cinq ou ſix Égliſes qui aient été des Temples de Rome ancienne, & ils n'étoient ni les plus grands, ni les plus beaux, le Panthéon excepté. Un grand nombre des plus célèbres exiſtoient encore au tems du ſiège par Alaric. Dès-lors le Chriſtianiſme étoit floriſſant, & il le devint encore plus dans la ſuite juſqu'à l'irruption de Totila. C'étoit le tems favorable pour appliquer à ſon uſage ce que le Paganiſme avoit de plus magnifique. Cependant, il paroît que l'on prit le parti de détruire, & d'exécuter à la lettre les Edits des Empereurs. Si cela n'étoit pas, comment de plus de deux mille Temples grands ou petits que renfermoit Rome dans les beaux jours de l'Empire, en subsisteroit-il aujourd'hui si peu? Il n'y en pas même un seul qui ait été autrefois une Basilique profane. Ainsi, ce n'est pas de la Consécration de cette espèce d'édifices au vrai Dieu, que nos Temples ont pris le titre de *Basiliques*, comme le prétendent quelques-uns.

Baronius, sur l'an 44 de Jésus-Christ, dit que l'Eglise crut pouvoir avec bienséance convertir, en Temples Chrétiens, les Temples des Idoles; & dans ses notes sur le Martyrologe Romain, il dit: qu'après bien des recherches, il a trouvé que jusqu'au tems de Saint-Grégoire le Grand on avoit renversé tous les Temples, & que ceux qui avoient échappé à la destruction avoient paru indignes de servir au Culte de Dieu après avoir été habités par les Démons. Pour ôter la contradiction que présentent ces deux textes, il faut dire que par le second, Baronius énonce ce qu'il croit s'être pratiqué avant Saint-Grégoire, & que par le premier, il a en vue ce qui ſe pratiqua après ce grand Pontife. Ce qu'il y a d'inconteſtable, c'eſt que l'on détruiſit plus de Temples qu'on n'en conſacra au Culte du Chriſtianiſme. Ce n'eſt point ici le lieu d'appuyer ſur les juſtes motifs qui portèrent à anéantir ces monumens du Paganiſme. Je dois ſeulement faire obſerver qu'une des principales raiſons acceſſoires pour ne les point conſerver, fut qu'en général ils étoient trop petits & peu propres aux cérémonies de la Religion. J'ai parlé ailleurs du Temple de Fauſtine ; il ſert aujourd'hui de Chapelle à une ſimple *Confrairie* qui ne l'a point trouvé aſſez grand, & y a fait des accroiſſemens. Le Temple de Remus, qui étoit une *Rotonde*, n'eſt que le veſtibule d'une Egliſe de Religieux Franciſcains.

TEMPLES GOTHIQUES.

ARTICLE PREMIER.

L'ARTICLE que l'on vient de lire a dû donner une idée de ce que l'Architecture de nos Temples fut à Rome pendant douze siècles. J'ai pu assurer qu'elle n'y varia point jusqu'à la fin du quinzième; parce que j'ai vu les monumens dont j'ai parlé, & qu'en suivant d'âge en âge la date de leur construction, j'ai sçu de leur histoire ce qui suffisoit pour arrêter mon jugement. De cette uniformité constante il résulte, que l'Architecture Grecque ne se dénatura jamais à Rome & en général dans l'Italie comme dans les autres parties de l'Europe. A Rome, autant qu'ailleurs, on en oublia, il est vrai, les proportions, l'élégance, les ordonnances sçavantes, mais on en conserva toujours le fond ; & en voici la raison : Les anciens Romains avoient tellement multiplié les colonnes dans leurs édifices publics & particuliers, qu'après les incursions des Barbares, & les ravages des guerres civiles qui leur succédèrent, il se trouva plus de matériaux qu'il n'en falloit, pour décorer les Temples du Christianisme. On n'en chercha point ailleurs que dans les débris de tant de superbes édifices réduits en cendres. On les employa d'autant plus volontiers, que la matière en étoit plus précieuse, qu'ils étoient tout préparés, & qu'il ne s'agissoit que de les rapprocher. Malgré le peu de justesse que l'on mit dans cette opération, elle suffit pour entretenir une espèce de tradition, si je puis m'exprimer ainsi, & conduire dans la suite à quelque chose de meilleur. Il s'établit, ſoit en réparant, ſoit en bâtiſſant du neuf, une routine de *rhabillage* dont on ne s'écarta point; & cette routine jointe à quelques reſtes d'anciens monumens fut l'heureuſe étincelle qui enflamma le génie des Artiſtes du quinzième ſiècle.

Les régions ſituées au nord de l'Italie, & en-deçà des Alpes, n'eurent pas ces avantages. Eloignées de Rome, habitées par des peuples à demi-Barbares, elles ne connoiſſoient point les Arts de la Grèce, avant d'avoir connu les Romains. Ceux-ci même, en étendant leurs conquêtes, ne portèrent leur grand luxe, que dans les Provinces des Gaules & de l'Eſpagne les plus voiſines de la Méditerranée, & dans celles de la Germanie qui étoient au Midi du Danube. Ce n'eſt guères que dans la Provence, le Languedoc, la Catalogne, &c. que l'on trouve quelques reſtes conſidérables de monumens des anciens Romains, tels que des Temples, des Thermes, des Amphithéâtres. Mais certainement ces édifices étoient moins magnifiques que ceux des plus petites Villes municipales du Latium & de l'Etrurie. Dans les parties Méridionales de la France, on a trouvé affez de Médailles, de Vafes, de petites Statues, peu de colonnes antiques: preuve bien forte que les plus fomptueux monumens n'en avoient point, ou n'en avoient que de pierre & de brique. Au nombre des curiofités de Lyon font les quatre colonnes de Granit que l'on voit dans l'Eglife Abbatiale d'Ainay, & qui autrefois n'en faifoient que deux. Je ne fache pas qu'il y ait d'autres grandes colonnes antiques à Lyon. Lyon fut cependant le féjour de plus d'un Céfar, & les Gaules n'avoient point de Cité plus célèbre.

Dans cette difette de colonnes, la deftruction des Temples du Paganifme ne fournit donc prefqu'aucune reffource aux Villes des Gaules, d'Efpagne & d'Allemagne, pour donner à leurs édifices facrés quelque chofe d'élégant & pour entretenir un peu la pratique qu'on pouvoit y avoir de l'Architecture Grecque. On fut réduit à imiter; & l'imitation devint, avec le tems, fi bifarre, qu'elle eut le nom d'invention. Mais fi l'on peut faire un mérite à un peuple d'avoir imaginé le goût de conftruction que nous nommons

Gothique, à quel peuple faut-il en donner la gloire? C'eſt ſans doute aux Goths, dira-t-on, comme le Corinthien eſt dû aux Artiſtes de Corinthe. Cette opinion eſt trop ancienne & trop univerſelle, elle a des conſéquences trop peu importantes, pour que j'entreprenne de la combattre avec quelque eſpérance, ou même quelque envie de la détruire. Je me permettrai ſeulement quelques obſervations, qui, à l'ordinaire, n'ont pour objet que de me débrouiller un peu à moi-même l'hiſtoire de l'Architecture, & de m'aſſurer ſi l'ordre Gothique appartient aux Goths, comme l'ordre Dorique appartient aux Doriens.

Les Goths ſont-ils les inventeurs de l'Architecture Gothique?

Pour que les Goths ſoient regardés comme les inventeurs de l'Architecture appellée *Gothique*, il faut, ou qu'ils l'aient apportée des pays d'où ils ſont ſortis, ou qu'ils l'aient imaginée après s'être fait des établiſſemens fixes en Italie, & dans les autres parties Méridionales de l'Europe. L'un ne me paroît pas plus vraiſemblable que l'autre.

1°. Tous les Hiſtoriens qui, en parlant des Goths, n'ont point donné dans la fable & le merveilleux ſur leur origine, leur ancienneté, leurs mœurs, &c. s'accordent à nous les repréſenter comme des Barbares qui n'ont commencé à être connus dans l'Hiſtoire, que quand ils ont commencé à porter le fer & le feu dans le ſein de l'Empire Romain. Qu'ils aient habité les bords de la Viſtule ou ceux du Tanaïs; qu'ils ſoient ſortis de la Suède ou de la Scythie, peu importe. Nommer quelqu'un de ces pays, tels qu'ils étoient il y a quinze ſiècles, c'eſt exclure toute idée d'Arts & de Sciences qui n'ont point de rapport à la guerre; & certes, l'Architecture Gothique, quelque groſſière qu'on la ſuppoſe, dès qu'on ne la borne point à de ſimples murailles, demande plus de combinaiſons, que n'avoient le tems d'en faire des peuples ſouvent errans, & preſque toujours armés contre leurs voiſins. Ils n'habitoient pas ſous des tentes, je veux bien le croire à raiſon de la rigueur du climat; mais leurs maiſons n'étoient que de ces cabannes, dont la naïture ſeule enſeigne la conſtruction à quiconque veut ſe garantir des injures de l'air, & de la dent des bêtes féroces. l'Architecture ne fut sans doute chez les Goths, que ce qu'elle fut chez tous les peuples de la terre moins inventifs que les Egyptiens ou les Grecs, ou qui n'avoient avec eux aucun commerce.

2°. Il est bien difficile de se persuader que les Goths aient inventé en Italie un Art qu'ils ne connoissoient point dans leur propre pays. Ils n'eurent d'établissemens fixes dans ces belles contrées, que plus de deux cens ans après y avoir paru pour la première fois sous Marc-Aurèle. Depuis cette première époque jusqu'à Théodoric, le premier des Rois Goths qui ait donné des loix à l'Italie sans avoir les armes à la main, qu'étoient les Goths, & qu'elle figure faisoient-ils dans l'Europe? Celle qu'y avoient faite, avant eux, les Daces, les Quades, les Marcomans, &c. celle qu'y faisoient en même-tems qu'eux, & de concert avec eux, les Huns, les Vandales, les Gépides, &c. Les Goths n'étoient alors qu'une armée avide de pillage, errante au gré de son Chef, fondant tantôt sur une Province de l'Empire, tantôt sur une autre; aujourd'hui dans les gorges des Alpes, demain aux portes de Rome; détruiſant les Villes qui lui réſiſtent, s'établiſſant, juſqu'à nouvel ordre, dans celles qui la reçoivent; employant ſon repos à forger des armes & ne penſant à conſtruire ni maiſons, ni Temples. Je la vois revenir pour la dernière fois du fond de la Thrace conduite par Théodoric. Celui-ci partage d'abord avec un rival, & occupe bientôt ſeul les Etats du dernier Empereur d'Occident; il ſe fixe à Ravenne, y établit le ſiège de ſon Empire, diſperſe ſes ſoldats dans l'Italie, & d'une multitude de Barbares de différens noms, il ſe forme un peuple qui porte celui de Goth. Théodoric a quelques ſucceſſeurs moins tranquilles & moins heureux que lui. Toujours en guerre contre les Empereurs d'Orient, ils ſuccombent enfin; ils abandonnent ſans retour l'Italie, vont joindre avec leurs ſujets ceux de la même nation qui s'étoient déja établis en France & en Eſpagne, & enfin au commencement du huitième ſiècle, il n'y a plus dans ces contrées de l'Europe un ſeul Royaume des Goths.

Or connoit-on en Italie, en France, en Eſpagne, en Allemagne un ſeul Temple appellé *Gothique*, qui date de ce tems-là ? Pour pouvoir faire honneur aux Goths de l'Art dont on leur attribue l'invention, il me paroît néceſſaire qu'il exiſte quelque grand monument bâti par eux, & qui ſoit dans le goût de Notre-Dame de Paris, par exemple. Nous diſons tous les jours, à la vue de nos anciennes Cathédrales, que ceux qui les ont conſtruites bâtiſſoient ſolidement; & cela eſt vrai. Il y a plus de cinq cens ans que Notre-Dame de Paris ſubſiſte ; & elle en ſubſiſtera encore deux fois autant, ſi ſa ruine ne vient que d'une mauvaiſe coupe de pierres, d'une mauvaiſe liaiſon de matériaux, de défaut d'a-plomb. Un pareil édifice qui dateroit de mille ans ne ſeroit pas un prodige d'antiquité, & alors la date de ſa conſtruction ſe rapprocheroit du tems des Goths. Cependant j'ai peine à croire qu'on en puiſſe trouver en France & en Italie d'antérieur au dixième ſiècle, & qui ait été achevé dans l'eſpace de cent ans. Car on ne détruiroit pas ma conjecture, en me citant un Temple dont les fondemens auroient été jettés dans le neuvième ſiècle, & la Croix poſée ſur le clocher dans l'onzième : il faut obſerver que preſque toutes nos Cathédrales ſont l'ouvrage de deux ou trois ſiècles. De là, ces diſparates ſi communes entre les différentes parties de l'édifice. Ici, beaucoup de péſanteur, là, beaucoup de légéreté ; des galleries à une extrémité, un mur tout nud à l'autre ; des coudes choquans à la réunion de la Nef & du Chœur, &c. défauts qui marquent un travail de pluſieurs mains, & dans les Architectes qui ſe ſuccèdent une grande indépendance des deſſins arrêtés par leurs prédéceſſeurs.

Deux différens âges de l'Architure Gothique.

Je ſçais qu'on diſtingue deux âges dans le *Gothique :* le premier où il fut extrêmement lourd ; le ſecond où il fut plus délié, & où l'excès de délicateſſe devint même un défaut. Mais peut-on en conclure que nos Architectes n'ont fait que perfectionner ce que les Goths avoient inventé. Cette diſtinction d'âges ne me paroît ni auſſi-bien fondée, ni auſſi-bien marquée que celle qui regarde l'Architecture Grecque. On peut dire réellement que celle-ci a eu différens âges, ſi, conſéquemment à des principes puiſés dans la nature, à des règles de proportions déduites l'une de l'autre & saisies par des esprits justes, on la voit passer du mauvais au bon, du bon à l'excellent. Mais dans le *Gothique*, il ne s'agit de rien moins que de proportion & d'harmonie. On passe d'une extrémité vicieuse à l'autre, sans autre raison que le caprice, que le plus ou moins de hardiesse des constructeurs. La Cathédrale de Bourges est du même-tems que celle de Rouen, & toutes deux sont des plus anciennes du Royaume. Celle-ci est une masse énorme, celle-là ne pese point sur la terre. Notre-Dame d'Amiens est du milieu du treizième siècle; Notre-Dame de Paris est de la fin du douzième. Maître Etienne de Luzarche qui construisit la première avoit plus de légereté dans l'esprit, que l'Architecte de la seconde. La construction de ces deux monumens se touche de si près que ce n'est point à la différence des tems qu'il faut attribuer celle de leur mérite. Elle vient uniquement du talent respectif des Ouvriers. Si le Gothique a eu deux âges, le premier a certainement commencé tard & duré peu, à moins qu'on ne veuille dire qu'il se trouve encore dans le second.

Mais enfin, comment s'est établi un goût d'Architecture si éloigné de celui des Grecs?

ARTICLE

ARTICLE II.

TEMPLES GOTHIQUES.

Origine de l'Architecture Gothique.

POUR une des premières causes qui ont fait abandonner l'Architecture Grecque, il faut nécessairement assigner l'ignorance dans laquelle étoient déja tombés les Artistes long-tems avant que les Goths règnassent hors de leurs pays. Il ne faut cependant pas la supposer universelle, & croire qu'en Architecture les hommes se soient retrouvés au point où ils étoient, lorsqu'ils construisoient des cabannes avec des troncs d'arbre fichés en terre : le bon goût de l'Art, ce qui appartient à la décoration se perdit entièrement, mais ce qui en fait la Science se conserva. On n'oublia jamais le secret de jetter une voûte, mais de plusieurs formes de voûtes employées par les Architectes Grecs & Romains, on s'attacha à celle qu'on nomme *Croisée*; on n'en fit point d'autres, & elles se trouvent dans les plus petits Cabinets, comme dans les plus vastes

Eglises. On n'oublia point que les colonnes ou les piliers destinés à porter une voûte devoient avoir une force proportionnée à leur usage ; mais on oublia que cette force intrinsèque devoit encore se montrer au-dehors, afin que l'œil fût satisfait, & l'imagination tranquille.

Je m'imagine donc voir nos premiers Evêques de France, avant que le Christianisme fût libre, délibérer sur la construction d'une Eglise capable de contenir tout leur troupeau, qui, malgré la persécution, devient nombreux. Ils sont pauvres, & leur premier objet, après le spacieux nécessaire, doit être le solide. Dès-lors il suffit de renfermer entre quatre bonnes murailles un terrein de quinze ou vingt toises en long & en large. On le couvre d'une charpente toute unie, point de voûte, point de plafond, tout se ressent de la simplicité, de la timidité de ceux pour qui on travaille. Cependant le Christianisme triomphe peu-à-peu de l'idolatrie : des Villes presqu'entières sont Chrétiennes, & il faut songer à étendre les dimensions des Temples. Quatre murailles toutes simples ne suffisent plus ; trop d'élévation les rendroit moins solides, & à raiſon de leur éloignement l'une de l'autre, il ſeroit impoſſible de poſer un comble. Quel moyen de diminuer la largeur du haut, ſans rien perdre de celle du bas? Point d'autre, que d'élever d'abord un mur d'enceinte d'une hauteur médiocre, de diſpoſer enſuite dans la longueur de l'intérieur des colonnes, de les lier l'une à l'autre par une Architrave, ou par des Arcades. Celles-ci ſerviront de baſe à un ſecond mur ſur lequel poſera la charpente qui doit couvrir la grande Nef, ce qui eſt le plus difficile. Un petit toît rampant appuyé ſur le mur d'enceinte & butant contre le mur que portent les colonnes couvrira les allées collatérales. A Rome où l'on a des colonnes, on s'en ſert; ailleurs où l'on en manque, on fait des piliers qui les imitent.

Falloit-il être Goths pour faire des combinaiſons ſi ſimples, en ſuppoſant que les Goths fuſſent de beaux eſprits? Non aſſûrément, puiſqu'on les avoit faites avant que les Goths paruſſent; puiſque les plus anciennes Egliſes de Rome n'en préſentent point d'autres. On ne peut guères douter que ces dernières n'aient ſervi de modèles à toutes celles qui furent conſtruites hors de l'Italie. Les fréquens Voyages que faisoient dans la Capitale du monde Chrétien, ou par devoir, ou par dévotion, les Evêques des autres pays, leur donnoient la facilité de saisir des Plans dont ils faisoient usage quand ils étoient de retour chez eux. Le respect même pour les premières Basiliques que la Religion eut dans l'Occident, engageoit à en imiter la construction. De pareils édifices ne sont pas d'une Architecture Grecque, cela est clair; on n'y voit rien de ce que l'on appelle *Exastyle*, *Octostyle*, *Ionique*, *Corinthien*, *&c.* Mais on n'y voit rien aussi qui sorte du naturel; & si ce goût de construction subsiste, nos Temples seront simples, mais ne seront point bisarres. Il subsiste, en effet, pour le fond, mais il change dans quelques accessoires, je veux dire dans la façon de distribuer & d'orner certaines parties; & ce qui me persuade que ce changement ne date que de la fin du dixième siècle, c'est qu'il n'y a point de vaste Eglise Gothique qui remonte plus haut.

Progrès de l'Architecture Gothique.

Ce qui occasionne ce changement, c'est l'état de splendeur & d'opulence où se trouve le Christianisme. Il n'y a plus alors de Goths, de Vandales, de Lombards, de Normands, dont les incursions répandent l'allarme, portent le fer & le feu dans les monumens les plus respectables, & empêchent de rien entreprendre de somptueux. Alors commencent les riches donations en faveur des Eglises, les fondations des Chapitres. La libéralité, la piété des Fidèles fournit aux Evêques les moyens de construire de grands édifices. Ajoutons que presque tout ce qu'il y a d'Ordres Religieux habite encore les déserts, & ne partage point dans les Villes les fonctions du Clergé séculier. C'est donc dans l'Eglise de l'Evêque, dans la Cathédrale que se font les grandes Cérémonies de la Religion, que le peuple vient recevoir les instructions du premier Pasteur, que l'Evêque assemble son Clergé en Synode, que se tiennent les Conciles Provinciaux, tout cela demande de l'étendue : On y ajoute bientôt la magnificence. Les Architectes se livrent à toute leur imagination, parce qu'on ne craint point des dépenses qui effraieroient aujourd'hui les plus puissans Rois (1). Ils n'in-

(1) Quel Monarque entreprendroit aujourd'hui

ventent pas de nouvelles formes, parce qu'il eſt aſſez généralement établi, que les édifices ſacrés auront celle d'une Croix, mais ils l'enrichiſſent, & varient la diſtribution. Les piliers s'écartent, & ouvrent de grandes Arcades; ils perdent de leur maſſe, ſe délient & s'allongent. Des voûtes hardies & légeres dérobent la vue d'une déſagréable charpente; les petites lucarnes qui auparavant laiſſoient à peine entrer la lumière, ſe changent en vaſtes fenêtres dont la Peinture ne tarde pas à relever les *Vitraux*. L'élévation & la largeur des voûtes exigent des appuis pour les murailles qui les portent, afin que celles-ci ne s'écartent point: delà les arcs-boutans extérieurs, ordinairement ſimples, quelquefois doubles, ſur-tout s'il y a dans l'intérieur un double rang de piliers qui augmente la largeur de l'édifice. Ces arcs-boutans ne préſentent d'abord que de

---

d'ériger un Temple comme Notre-Dame de Chartres, dans un pays tel que la Beauce, où il n'y a ni pierre, ni bois, ni fer, ni chaux, & ni rivière qui facilite le tranſport de ces différens matériaux?

l'utile, les Sculptures dont on les couvre ensuite, les pyramides qui les terminent en font un ornement.

Tandis que les Eglises n'eurent qu'une largeur & une hauteur médiocre, il ne fut pas difficile d'en orner la façade, un portique plaqué en masquoit la partie inférieure, le haut avoit une fenêtre, & à côté s'élevoit, un peu au-dessus du comble, une petite tour quarrée très-simple qui ne tenoit point au corps de l'édifice. Mais quand on voulut donner aux Temples cette grandeur que nous leur voyons, il fallut plus d'ornemens pour la façade. Au lieu d'une tour isolée, on en construisit deux, & on les fit entrer comme partie principale dans la décoration des Portails. C'est sur-tout dans ces morceaux que les Architectes se firent un point d'honneur de se surpasser l'un l'autre par l'élévation & la hardiesse, par la multitude & la bisarrerie des Sculptures. Le treizième & le quatorzième siècles produisirent ce qu'il y a de plus singulier en ce genre.

L'époque de la grande Architecture Gothique une fois fixée, sans qu'on puisse néanmoins en indiquer le premier & le plus ancien monument, on possède à-peu-près tout le reste de son histoire, quand on sçait qu'en fort peu de tems elle fut adoptée dans toutes les parties de l'Europe ; que les grandes Villes semblèrent se disputer la gloire d'avoir la plus vaste & la plus riche Eglise ; que le goût de construction employé dans les Temples passa aux autres édifices publics, & aux palais des Rois ; que jusqu'à la fin du quinzième siècle, le Gothique règna avec un empire plus constant & peut-être plus étendu que les ordres Grecs les plus gracieux & les plus magnifiques. Je n'entreprendrai point d'indiquer & de décrire ses chef-d'œuvres ; il est peu de Provinces qui n'en possédent quelqu'un, & tout le monde connoît ce que la France a de plus célèbre en Gothique.

Gothique différent chez les différentes Nations.

Mais seroit-il impossible de découvrir dans l'Architecture Gothique, sinon des différences aussi marquées que celles qui caractérisent les divers Ordres Grecs, au moins une certaine manière analoge au génie des peuples qui l'ont employée ; ensorte qu'on pût distinguer jusqu'à un certain point le Gothique François du Gothique Allemand, comme on distingue le Corinthien du Dorique ? Je ne m'engagerai pas à prouver toute la justesse d'une pareille observation, parce que je n'ai point assez voyagé pour pouvoir comparer exactement les objets. Mais d'après les monumens que j'ai vus en France & en Allemagne, d'après ceux des autres pays que la Gravure a mis sous mes yeux, j'ai presque conclu que le Gothique étoit différent selon les différens pays où on en a fait usage; qu'il étoit plus analogue à l'Architecture Grecque en Italie, & j'en ai indiqué la raison plus haut; qu'en Allemagne & dans les régions qui y tiennent au Nord, il étoit plus chargé d'ornemens; qu'en France & en Angleterre il étoit en général plus simple & dès-lors moins pésant; qu'en Espagne il tenoit du gigantesque que l'on a autrefois reproché à l'esprit de la Nation; qu'il y étoit d'une excessive délicatesse, & que c'est des édifices construits par les Maures dans ce Royaume, qu'est venu le nom d'*Arabesque*, appliqué parmi nous au Gothique le plus délié.

Ces différences, au reste, ne prouvent pas un goût plus vrai & plus pur dans les Nations qui les offrent. Si en Architecture le goût consiste dans un juste rapport de proportions qui réponde à l'idée que nous avons de l'ordre, dans un choix & une distribution d'ornemens imités des beautés riches & simples de la Nature, il est certain que les Architectes en Gothique, de quelque pays qu'ils aient été, ont eu beaucoup de Science, & n'ont point eu de goût; qu'à cet égard, les Italiens n'ont presque rien à reprocher aux *Tudesques*, que ce qu'on peut dire de plus flateur pour ceux qui prétendroient à la préséance en mérite, c'est qu'ils furent peut-être un peu moins bisarres que les autres. Le génie particulier des peuples, la nature des matériaux propres des différens pays, introduisirent ce qu'on appelle la manière de bâtir; & l'on s'y tint avec une constance digne d'un meilleur objet.

Temples Gothiques d'Italie.

Ceux qui ont vu Venise, Ravenne, Padoue, Pise, Florence, &c. ont dû s'appercevoir au premier coup-d'œil, que les grands & anciens édifices de ces Villes, quoique Gothiques, ne ressembloient point à ceux qu'ils avoient vus ailleurs. Ils ont remarqué sans doute, que par-tout où il n'y avoit point de colonnes tirées des monumens Romains, on y avoit suppléé par des piliers qui en retraçoient la forme ; que l'usage des portiques extérieurs avec Arcades y est très-commun ; que celui des ornemens prodigués hors de l'Italie y est très-rare. Envain y chercheroit-on un de ces morceaux célèbres dans nos Villes, ces prodiges de légéreté, de hardiesse & de patience, ces Clochers qui se perdent dans les nues ; il n'y en a pas un seul. Car je ne pense pas que l'on veuille comparer les tours quarrées & opaques de Sainte-Marie *Del Fiore* de Florence, & de Saint-Marc de Venise, avec les Clochers diaphanes de Strasbourg, de Chartres, de Vienne en Autriche, & même d'Ulm en Souabe, quoique celui-ci soit resté imparfait. Il semble cependant que ce qui se voit en ce genre dans toute l'Allemagne, devroit aussi se voir en Italie, puisque pendant près d'un siècle, les Architectes Allemands y furent à la tête de toutes les grandes entreprises, & que ce que nous appellons Goût Gothique, les Auteurs Italiens l'appellent plus communément *Goût Tudesque*. C'est que ces Allemands furent obligés de quitter leur manière, pour se plier à celle de la Nation qu'ils servoient ; Nation, qui conservant toujours l'idée des beaux monumens

Antiques, vouloit imiter, autant qu'elle pouvoit, ceux qui subsistoient encore.

Une autre cause de la différence dont je parle est la nature des matériaux propres de chaque pays. Toutes nos Cathédrales Gothiques sont de pierre; en Italie elles ne sont que de brique, si l'on en excepte trois ou quatre construites ou revêtues de marbre. Or la brique ne reçoit point la Sculpture, à moins que celle-ci ne soit plaquée & de stuc. Mais le stuc des Anciens n'a été retrouvé qu'au commencement du seizième siècle, & alors la mode du Gothique étoit passée en Italie. Au moins on n'y commençoit point d'édifices dans ce Goût : on continuoit, comme on continue encore aujourd'hui, & comme on continuera long-tems le Dôme de Milan. De toutes les grandes Eglises d'Italie, c'est celle de *Saint-Petrône* de Bologne, qui ressemble le plus à nos Cathédrales; la Sculpture s'y est exercée, parce que ce vaste Temple est tout de marbre blanc; mais l'Eglise de Bologne qui n'est que de briques est de la plus grande simplicité en-dedans & en-dehors.

Quoiqu'il en soit de la vérité ou de la fausseté de ces observations, il est certain que les Temples Gothiques, quelle que soit la manière des Architectes, présentent les plus grandes beautés au milieu des plus grands défauts; qu'on ne peut les voir, sans y découvrir une majesté digne de leur destination; une Science de ce que l'Art de bâtir a de plus profond, une hardiesse dont l'Antiquité ne nous fournit point d'exemples. Les anciens Romains donnèrent à leurs grandes voûtes jusqu'à six & huit pieds d'épaisseur; il y a telle voûte Gothique qui n'en a pas un. On trouve à presque toutes nos voûtes modernes quelque chose de pésant; celles des anciennes Cathédrales sont d'une légèreté qui frappe l'œil le moins connoisseur. Cette légèreté vient en partie, si je ne me trompe, de ce qu'entre la voûte & les piliers il n'y a aucun corps intermédiaire & saillant qui en tranche la liaison, ce que fait l'entablement dans l'Architecture Grecque. La voûte Gothique paroît naître du pied même des piliers qui la portent; surtout lorsque les piliers imitant les cannelures Grecques sont composés de *fuseaux* ou *torons* qui en font une espèce de gerbe. Ces torons, poussés per-

Mérite de l'Architecture Gothique.

pendiculairement jusqu'à une certaine hauteur, se plient ensuite pour former les arcades qui lient un pilier à l'autre, les voûtes des bas-côtés, & les *Nefs* ou *Ogyves* qui donnent la force à la maitresse voûte. Leur courbure est naturelle, & la pierre y présente une fléxibilité égale à celle des métaux les plus ductiles. Les Ogyves formant de toutes parts des rayons, divisent toute la surface en angles rentrans & saillans; de cette division en plusieurs petites parties bien symétrisées, naît ce *Svelte* qu'il est difficile de donner aux longues voûtes en plein cintre, telles qu'on les fait aujourd'hui.

Si par amour pour l'Architecture, il m'étoit permis de donner des conseils aux Architectes, je leur conseillerois d'orner de Sculptures les voûtes de nos Temples. Mais pour obtenir l'effet désiré, je veux dire la légèreté, il ne faudroit pas que ces Sculptures fussent plaquées; elles devroient être prises dans l'épaisseur même de la voûte. Les Anciens sentirent sans doute combien ces ornemens, employés avec modération & placés avec goût, diminuoient à l'œil la pésanteur des voûtes, puiſqu'on voit peu d'édifices antiques qui ne ſoient diſtribués en compartimens. C'eſt par-là, que les voûtes de Saint-Pierre de Rome paroiſſent ſi légères eu égard à leur longueur & à leur largeur.

Je finis par un réſultat ſur le Gothique. En rapprochant nos grandes Egliſes Gothiques de Saint-Paul de Rome dont j'ai donné la deſcription, on voit donc qu'il n'y a point de différences eſſentielles, quant au plan, entre la forme de ces édifices; que les plus marquées ſe trouvent uniquement entre les décorations ou ornemens, & quelques autres parties de détail; qu'on n'a fait qu'agrandir, dans les derniers ſiècles, ce qui dans les premiers avoit été traité en plus petites proportions; que les Goths n'ont eu de part ni à l'invention, ni à la perfection de ces monumens, puiſque ces monumens ont été inventés, avant que les Goths s'établiſſent en Italie ou ailleurs, & n'ont été perfectionnés, que lorſque les Goths n'exiſtoient plus nulle part; la décadence des Arts ayant ſuivi celle de l'Empire, & la liberté de conſtruire des Egliſes étant des mêmes ſiècles que les incurſions des Goths, ce concours de circonſtances ſeul a établi l'idée populaire que les Barbares avoient annéanti l'Architecture Grecque, pour y ſubſtituer celle qu'ils avoient apportée de leur pays; & qu'enfin nos édifices appellés *Gothiques*, ne méritent ce nom, que parce qu'ils ſont auſſi différens par les proportions & les ornemens biſarres des beaux monumens d'Athènes, que les *Goths* l'étoient des Grecs par les Talens & les Mœurs.

SAINTE-

SAINTE-SOPHIE

DE

CONSTANTINOPLE.

ARTICLE PREMIER.

En ſuivant l'ordre des tems, je devrois actuellement parler de nos Temples tels qu'ils ont été depuis la fin du quinzième ſiècle. Peut-être s'attend-on à trouver dans cet article la deſcription du plus beau monument de l'univers, du premier grand édifice ſacré où l'Architecture Grecque triompha pleinement du Gothique, & reparut dans toute ſa majeſté, avec toutes ſes graces & ſes richeſſes. Le Lecteur me pardonnera ſi je trompe ſon attente: j'ai cru ne devoir parler de Saint-Pierre de Rome, la merveille du ſeizième ſiècle, qu'après avoir donné une juſte idée de Sainte-Sophie de Conſtantinople la merveille du ſixième. Il règne parmi quelques Amateurs un préjugé ſi favorable à celle-ci; tant de gens l'égalent, la préfèrent même à l'autre, que je ne puis me diſpenſer d'entrer dans quelques détails ſur le genre & le goût de ſa conſtruction. Replongeons-nous donc de nouveau dans les ténèbres de la Barbarie, & rétrogradons juſqu'au ſiècle de l'Empereur Juſtinien. Y ſaiſirons-nous encore quelques momens des beaux jours de l'Architecture; où trouverons-nous la longue nuit de douze cens ans déja commencée? Nous en jugerons à la vue du monument qui épuiſa les tréſors du Prince fondateur, qui exerça la plume des Hiſtoriens & des Poëtes témoins de ſa conſtruction, enfin qui à ſix cens lieues de nous, excite encore notre admiration.

Hiſtoire de la conſtruction de Sainte-Sophie.

Le Temple de Sainte-Sophie, tel qu'il exiſte aujourd'hui, ne doit que ſon nom à Conſtantin. Ce Prince, après avoir transporté à Constantinople le siège de l'Empire, y fit construire une Eglise qu'il consacra au Fils de Dieu comme à l'éternelle sagesse, sainte par essence, & lui donna le titre de *Sainte-Sophie*, un tremblement de terre ayant renversé cet édifice, Constance le fit rebâtir plus grand & plus riche, & la dédicace s'en fit 34 ans après que les fondemens en eurent été jettés. Sous l'empire d'Arcadius, il fut presque entièrement réduit en cendres dans la sédition occasionnée par l'exil de Saint-Jean-Chrysostôme. Il brûla encore pendant la minorité de Théodose le jeune, & fut ensuite réparé par ce Prince. Enfin, la cinquième année de l'Empereur Justinien, il fut entièrement consumé par les flammes dans une sédition.

Justinien, occupé à multiplier dans Constantinople le nombre des édifices publics, tandis que dans l'Occident les Barbares travailloient à diminuer celui de ses Provinces, forma le projet d'un Temple qui surpassât les plus somptueux édifices de l'antiquité Payenne. Il chargea de l'exécution Anthémius de Tralles, & Isidore de Milet, sans doute les plus habiles Architectes du siècle. Il paroît cependant, qu'Isidore ne travailla qu'en second, puisque Procope dit positivement que le dessin du Temple étoit d'Anthémius. Quoiqu'il en soit, les fondemens du nouvel édifice furent jettés l'an 532 de Jésus-Christ; le cinquième de l'empire de Justinien, & la Dédicace s'en fit les derniers jours de 537. Vingt & un an après, Justinien règnant encore, un tremblement de terre fit écrouler une partie de la Coupole. La réparation en fut confiée à un second Isidore, neveu du premier. Ce nouvel Architecte poussa la Coupole vingt pieds plus haut qu'elle n'étoit avant sa chûte, & changea un peu sa forme qui étoit à plein cintre, & qu'il rendit ellyptique.

Sainte-Sophie n'éprouva aucun malheur considérable, & se soutint dans toute sa richesse jusqu'à la prise de Constantinople par Mahomet II, en 1453. Ce Conquérant la changea en Mosquée; & les Turcs, sans toucher au fond de son Architecture, en dégradèrent tous les ornemens intérieurs. Voilà, tout ce qu'il nous importe de sçavoir sur l'historique de Sainte-Sophie.

Envisageons à présent sous un point de vue général sa structure & sa décora-

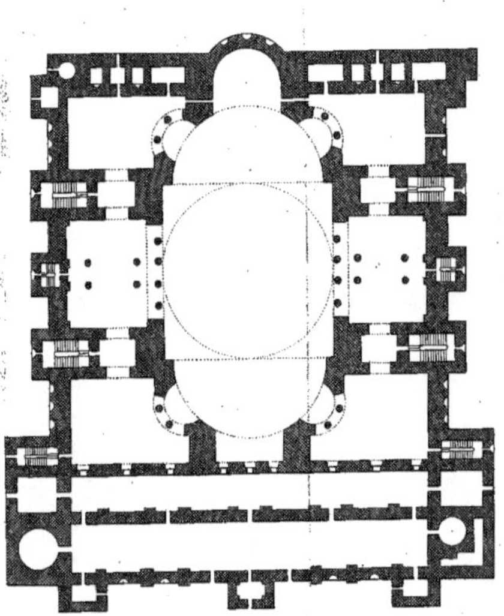

Echelle de 20. Toises

Plan du Temple de Sainte Sophie.

Dumont del. *Sellier Sculp.*

tion. Une description détaillée demanderoit des planches pour être bien intelligible. Je me borne au plan qu'a fait graver Grelot dans sa relation de Constantinople.

Plan de Sainte-Sophie.

La forme extérieure de Sainte-Sophie est un quarré long ; l'intérieur, avant la chûte de la première Coupole, présentoit au premier coup-d'œil une Croix Grecque. La longueur, de l'Orient à l'Occident c'est-à-dire, du portique d'entrée jusqu'au fond de ce que les Grecs appelloient *Presbytère*, & les Romains *Tribune* est de 270 pieds ; celle du Midi au Nord est de 240, sur le milieu de l'édifice s'élève une Coupole. Elle pose sur quatre grandes arcades que soutiennent quatre piliers isolés jusqu'à une certaine hauteur, & dont les différentes faces déterminent la forme de Croix. Outre ces quatre principaux piliers, il y en a encore deux à chacune des extrémités de l'Orient & de l'Occident. L'espace qui les sépare des quatre premiers est occupé par un double ordre de colonnes disposées en hémicycle, parce que ces piliers ne sont pas sur la même ligne que ceux qui portent la Coupole, & qu'ils rentrent un peu plus, ceux de l'Occident dans la Nef, ceux de l'Orient dans le Sanctuaire. Les branches de la Croix au Midi & au Nord ſont formées : 1°. Par une des faces des quatre grands piliers : 2°. par deux épais contreforts, dont la moitié ſaillit hors du mur d'enceinte, & l'autre moitié entre dans l'intérieur, & ſe lie aux piliers de la Coupole par une arcade qui ouvre un paſſage pour faire en-dedans le tour du Temple. A l'extérieur, ces contreforts s'élèvent juſqu'à la naiſſance de la Coupole contre laquelle ils battent auſſi par une arcade.

De cette diſtribution intérieure en forme de Croix inſcrite dans un quarré, il réſulte quatre grands eſpaces qu'en ſtyle de Blaſon nous nommerions *Cantons :* ici ces eſpaces ſont à-peu-près triangulaires. Ce qui vient des colonnes diſpoſées en hémicycle dont j'ai parlé plus haut. On y a ménagé deux ſalles, l'une baſſe, l'autre haute, diſtinguées à l'œil par le double ordre, & réellement ſéparées par une voûte. La façade eſt compoſée d'un double portique, l'un inférieur par lequel on entre dans le Temple, l'autre ſupérieur qui communique aux ſalles hautes dans lesquelles les femmes assistoient au Service Divin.

Pour la liaison des pierres & des briques, on n'employa ni chaux, ni bitume. Du plomb fondu versé dans les interstices donna à la maçonnerie une solidité qu'elle n'auroit point tirée des liaisons ordinaires. Afin de prévenir pour toujours les incendies, il n'entra point de bois dans les combles du Temple, qui fut couvert de larges tables de marbre. La Coupole est de brique blanche, spongieuse & si légere, qu'au rapport de quelques Auteurs, cinq briques ne pesent pas plus qu'une de celles dont nous faisons usage. Justinien les fit travailler à Rhodes.

Dans l'intérieur, il n'y avoit pas une colonne qui ne fût d'un marbre rare, tel que le porphyre, le verd de Lacédémone & de Thessalie, le granit Oriental d'Egypte, &c.; & en cette partie, Constantinople s'enrichit un peu aux dépens de Rome. Une veuve Romaine, nommée *Marcia*, fit présent à Justinien de huit colonnes de porphyre. Ce sont celles que l'on voit encore aujourd'hui aux extrémités Orientale & Occidentale, & qu'on a armées de cercles de fer, parce qu'elles paroisſoient prêtes à s'éclater par la violence des tremblemens de terre. Toutes les murailles étoient revêtues de marbre, incruſtées d'agathe, de nacre de perles; toutes les voûtes couvertes de moſaïque à fond d'or.

C'eſt ce marbre, cet or, ces colonnes précieuſes, cette Coupole dont il n'y avoit point de modèle; c'eſt cette multitude de ſalles & de portiques qu'enviſageoient, dans Sainte-Sophie, l'Hiſtorien Procope, le Poëte Paul le Silentiaire, l'Empereur Juſtinien, lorſque les deux premiers décrivoient ce Temple comme la merveille de l'univers, le plus parfait ouvrage qu'eût jamais produit l'Architecture; & que le troiſième, en y entrant au jour de la Dédicace, s'écria avec tranſport: *Je t'ai vaincu Salomon.* Ils n'y voyoient à-peu-près que ce que voient les enfans dans Saint-Pierre de Rome, beaucoup de richeſſe, du marbre, de la dorure, de la peinture, une grandeur au-deſſus de celle des Temples ordinaires. Aujourd'hui, ceux dont l'eſtime eſt fondée ſur le préjugé, & qui entendant parler d'un Temple conſtruit par des Grecs ſe rappellent Athènes & Corinthe, ceux-là croient voir quelque chose de plus dans Sainte-Sophie, c'est-à-dire, un beau dessin bien exécuté, la justesse des proportions répondant à la hardiesse de la distribution, un goût égal à la magnificence. Ils se trompent, & j'espère qu'ils en conviendront, quand nous aurons examiné en détail ce qu'ils admirent sans le connoître assez.

Il ne suffit pas qu'un édifice soit vaste, qu'il présente quelques morceaux hardis, qu'on y voie des fûts de colonnes, pour pouvoir conclure qu'il est de bon goût dans l'exécution totale, qu'il est d'une Architecture vraiment Grecque, qu'il est comparable à Saint-Pierre de Rome. Presque toutes nos anciennes Cathédrales sont plus vastes que Sainte-Sophie ; dans plusieurs, les piliers imitent assez bien les colonnes, quelques-unes ont des clochers plus hardis que la Coupole d'Isidore, & de tout cela il ne résulte cependant qu'une merveille Gothique.

Il faut l'avouer, l'idée d'une Croix Grecque avec une Coupole est une belle idée : elle naquit dans une tête où il y avoit du génie, mais elle naquit quatre cens ans trop tard, pour être rendue avec toute la perfection qui lui convenoit. On l'a adoptée de nos jours ; & si Anthémius reparoissoit aujourd'hui, il verroit que son ouvrage ne fut qu'une ébauche en comparaison de ce qui s'est fait, en ce genre, depuis la renaissance des Arts. Venons à la preuve.

1°. Envain chercheroit-on, dans Sainte-Sophie, quelque chose qui approche des Ordres d'Architecture inventés par les Grecs & les Romains. On y trouve bien des colonnes, mais d'une proportion éloignée des règles, mais avec des chapiteaux d'un goût si bisarre, qu'on ne sçait à quel ordre ils appartiennent, mais sans entablement d'aucune espèce. C'est donc encore ici comme dans Saint-Paul de Rome, une suite de petites arcades qui lient une colonne à l'autre, & dont les retombées posent immédiatement sur le chapiteau. L'espace qui sépare les piliers de l'Orient & de l'Occident de ceux qui portent la Coupole, est, comme je l'ai remarqué plus haut, occupé par un double ordre de colonnes. L'ordre inférieur a deux colonnes, le supérieur en a cinq, & voilà des porte-à-faux grossiers, sans compter le mauvais effet pour l'œil même le moins connoisseur.

Iſidore à qui on confia la réédification de la Coupole, & qui donna à ce morceau plus d'élévation qu'il n'en avoit avant ſa chûte, chercha auſſi le moyen de lui donner plus de ſolidité, & tel fut celui qu'il imagina. Entre les grands piliers qui ſoutiennent la Coupole, il planta au Midi & au Nord quatre colonnes de granit de quarante pieds de fût. Sur ces colonnes, il conſtruiſit, avec le ſecours ordinaire des arcades, un mur d'une hauteur médiocre. Sur ce mur, il établit ſix colonnes beaucoup plus courtes que les premières ; puis encore un mur percé de trois rangs de lucarnes, lequel s'élève juſqu'au ſommet de la grande arcade, & en remplit toute la concavité. Le premier effet de cet échaffaudage eſt de dérober à l'œil la forme de Croix Grecque, puiſque les branches du Midi & du Nord ſont coupées par ces colonnes & ces murailles entaſſées les unes ſur les autres. Ajoutez encore les porte-à-faux.

Tous ces piliers que j'ai indiqués étoient-ils au moins ornés de pilaſtres, comme ils le ſont dans nos Temples à Coupole? Non ; ils étoient revêtus de marbre, placardés de moſaïque, coupés, d'eſpace en eſpace, par des cordons en boſſage ornés de Sculptures ſemblables à celles de nos piliers Gothiques ; du reſte, rien ne les couronnoit avec grace. Ils avoient commencé ſans baſe, ils finiſſoient ſans chapiteau & ſans entablement, à moins qu'on ne veuille donner ce nom à de gros modillons qui reſſemblent aux crénaux de nos anciennes fortifications, règnent tout autour du Temple, & ſoutiennent une baluſtrade.

2°. La Coupole eſt le morceau le plus célèbre de Sainte-Sophie, parce qu'il eſt le plus extraordinaire, vu le tems où il fut conſtruit, & qu'à quelques égards il a ſervi de modèle à nos Architectes modernes. A en juger par cet endroit, il mérite ſa célébrité; il la mérite encore, ſi l'on en conſidére la partie purement méchanique. Mais qu'il perd de ſon prix, ſi, du côté des proportions & de la forme, on en juge par comparaiſon avec nos Coupoles modernes!

Je ne ſçais ſi c'eſt à la forme quarrée des piliers, qui ont plus de face d'un côté que de l'autre, qu'il faut attribuer l'effet peu agréable des *fourches* ou *pendentifs* (1) de la Coupole. Ce qu'il y a de vrai, c'eſt que les retombées des grandes arcades, en ſe réuniſſant ſur les piliers qui les portent, préſentent un angle, extrêmement aigu; que la baſe de la Coupole en paroît trop foible, & que ſi l'on a raiſon de regarder toute Coupole en général comme un porte-à-faux, celle de Sainte-Sophie plus que toute autre rend ce reproche plauſible. Il ſemble que l'Hiſtorien Procope voyoit le défaut de ces angles aigus, mais ſans ſe douter que c'en fût un, lorſqu'il diſoit: Que telle étoit la légèreté de la Coupole de Sainte-Sophie, qu'elle paroiſſoit ſuſpendue à une chaîne qui partoit du Ciel. Ajourd'hui nous voulons que les édifices conſtruits ſur la terre aient auſſi leurs points d'appui ſur la terre. S'ils ſont inviſibles, nous nous mocquons de l'Architecte, & nous en appellons au bon

(1) Les *pendentifs* ſont dans une Coupole les eſpaces triangulaires renfermés entre les arcades qui la ſoutiennent. On les appelle auſſi *fourches* & *panaches*.

ſens. Nos Architectes ont ſenti l'inconvénient des piliers à angles tels que ceux de Sainte-Sophie. Delà vient que quand ils ont voulu conſtruire de grandes Coupoles, ils ont fait des piliers à pans. Par-là, ils ſe ſont ménagé naturellement un eſpace raiſonnable entre les retombées des arcades, ils ont donné du pied à leurs pendentifs, ils ont par conſéquent fortifié, même à l'œil, la baſe immédiate de la Coupole, & ont enfin tracé pour baſe générale de toute la maſſe, non pas un quarré, comme à Sainte-Sophie, mais un Octogone; forme plus analogue à celle de la Coupole, plus dégagée, plus agréable, plus ſuſceptible de décoration.

A proprement parler, on ne trouve point dans la Coupole de Sainte-Sophie, ce que nous appellons dans les nôtres le *Tambour*, c'eſt-à-dire, la partie où ſe ménagent les grandes fenêtres pour éclairer l'intérieur. Sa courbure, ou ſon cintre naît preſque ſur les arcades, & l'on ne peut mieux la comparer qu'à la voûte d'un four. On lui donne cent cinq pieds de diamètre, & trente-huit ſeulement depuis le ſommet des arcades juſqu'à ſon centre. On voit dès-lors combien elle eſt écraſée : malgré le grand nombre de ſes fenêtres, elle eſt obſcure, parce que ces fenêtres ſont baſſes & étroites.

Moſaïque du bas-Empire.

3°. Tout préjugé à part, & avec la meilleure volonté du monde d'admirer le bon par-tout où il ſe préſente, quelle idée pouvons-nous nous former de la Peinture en moſaïque du ſixième ſiècle? Celle du tems de l'Empereur Adrien n'étoit excellente, que parce que la Peinture en général l'étoit. Quand un genre tomba, tous les autres tombèrent auſſi, & aſſûrément on ne peut pas croire que l'invention, le deſſin, le coloris ſe ſoutinſſent dans la moſaïque, lorſqu'on ne les connoiſſoit plus dans la freſque & la détrempe. Le talent de réunir de petites pierres colorées eſt peu eſtimable, ſi l'on n'y joint celui de tirer de bons tableaux de cette réunion. Au tems de Cimabue on peignoit mal en moſaïque, parce qu'on peignoit mal en tout genre. Le Giotto peignit beaucoup mieux que tous ſes prédéceſſeurs ; & le progrès de l'Art ſe montre auſſi dans le grand morceau de moſaïque que l'on voit au portique de Saint-Pierre à

Rome, & qui eſt du Giotto. Les Grecs, ſous Juſtinien, ne firent pas mieux en ce genre à Conſtantinople, qu'ils ne firent dans la ſuite à Rome juſqu'à la fin du quatorzième ſiècle. Ceux qui ont été dans cette dernière Ville ſe rappelleront ſans doute. Les *Tribunes* de Saint-Jean-de-Latran, de Saint-Paul, de Sainte-Marie majeure; la façade de Sainte-Marie *in Traſtevere, &c.* ont-ils trouvé de bons tableaux dans un aſſemblage de figures trop longues ou trop courtes, qui ont les yeux hagards, les pieds ſans conſiſtance, les bras paralytiques, les mains pointues; ſans deſſin, ſans expreſſion, ſans air de tête, ſans mouvement; ne faiſant grouppe nulle part, preſque toujours placées ſur le même plan, & allant à la file comme en proceſſion? Il y a quatre cens ans qu'on admiroit tout cela à Rome, & il y en a onze ou douze cens, qu'à Conſtantinople Paul le Silentiaire chantoit avec enthouſiaſme quelque choſe d'auſſi mauvais. Il eſt inutile d'appuier ſur la Sculpture de Sainte-Sophie. Quand nous n'aurions pour en juger que les Médailles du Règne de Juſtinien, elles ſuffiroient pour nous décider

décider ſur les talens de ſes Sculpteurs.

4°. Si l'intérieur de Sainte-Sophie étoit riche, l'extérieur étoit très-pauvre. Excepté le double portique d'entrée, tout le reſte étoit nud, & ne préſentoit qu'une maçonnerie aſſez groſſière. Les quatre contre-forts qui butent contre la Coupole en font toute la décoration, & les *Minarets* qu'y ont ajoutés les Turcs y mettent de la richeſſe. Que les Muſulmans aient renverſé les Statues & dégradé les Peintures, ils n'ont détruit en cela que des acceſſoires dont un édifice bon par ſa forme & par ſes ornemens eſſentiels ne tire que peu de mérite, & qui pour des gens inſtruits ne ſuppléent ni aux règles, ni au vrai goût de l'Architecture Grecque.

ARTICLE II.

SAINTE-SOPHIE DE CONSTANTINOPLE.

Ce que j'ai dit, dans le premier article, de Sainte-Sophie de Conſtantinople, pourroit ſuffire pour fixer l'idée qu'on doit avoir de ce fameux Temple. Je dois cependant y ajouter de nouvelles obſervations propres à juſtifier le jugement peu favorable que j'ai oſé porter d'un édifice qu'on eſt accoutumé à regarder comme un chef-d'œuvre. Deux ſources du préjugé où l'on eſt ſur ſa perfection : il a été conſtruit par des Grecs ; tous ceux qui en ont écrit, vantent ſa ſtructure. Voyons donc en peu de mots de quel poids ſont ici & le nom des Architectes, & le témoignage des Auteurs.

1°. Dans la Grèce devenue Province de l'Empire Romain, les Arts dont l'éclat étoit attaché à la liberté de la Nation éprouvèrent ſeuls une décadence bien ſenſible : tels furent l'Art de l'Eloquence, de la Guerre, des Négociations, &c. Les

Arts qui fleuriſſent par l'opulence & par le repos, l'Architecture, la Peinture, la Sculpture s'y ſoutinrent dans toute leur excellence, tandis que l'Empire des Vainqueurs s'y ſoutint lui-même. Adrien y trouva encore des Artiſtes dignes des plus beaux jours d'Athènes & de Corinthe, & capables d'immortaliſer ſa magnificence par leurs chef-d'œuvres. Mais deux cens ans après, tout y avoit changé de face ; & il n'en faut pas d'autre preuve que ce qui étoit arrivé à Rome même, que la révolution qui s'y étoit faite dans les Arts. Cette Ville étoit *toute Grecque* dès le règne de Domitien ; c'eſt-à-dire, que les Grecs y exerçoient toutes les profeſſions ; & c'eſt à leurs mains que ſont dûs les plus beaux monumens antiques qu'on y voit aujourd'hui. Il n'eſt pas douteux qu'ils n'aient continué à y travailler pendant tout le tems qui s'écoula juſqu'au règne de Conſtantin. Or, ſous ce Prince, quel étoit à Rome l'état de l'Architecture & de la Sculpture ? tout le monde le ſçait. Mais peut-on croire que Byſance fût riche en Artiſtes, tandis que la Capitale du monde en étoit ſi dépourvue ;

elle qui depuis près de cinq ſiècles tiroit de la Grèce ſes meilleurs Architectes, pour ne parler que de cet ordre d'Artiſtes ?

En tranſportant à Byſance le ſiège de l'Empire, Conſtantin s'y fit ſans doute ſuivre par tout ce qu'il avoit pu raſſembler, à Rome & ailleurs, d'Artiſtes habiles. Une nouvelle Ville à bâtir étoit la circonſtance la plus favorable au rétabliſſement des Arts, ſur-tout de la grande Architecture. Cependant tous les édifices publics conſtruits ſous Conſtantin & ſes premiers ſucceſſeurs, ne furent qu'une imitation aſſez groſſière de ceux de Rome; c'eſt ce que prouvent leurs ruines. Conſtance voyant à Rome le *Forum* de Trajan, témoigna cette eſpèce d'admiration qu'excite la nouveauté des objets. Il avoit vu à Conſtantinople, des *Forum*, des Thermes, des Hippodromes, mais dans ces monumens il n'avoit remarqué ni cette majeſté, ni cette richeſſe, ni ce goût qu'il découvroit dans ceux de Rome. En élevant dans la ſuite la colonne Théodoſienne, on prétendit apparemment égaler les colonnes Trajane & Antonine; on n'y réuſſit pas. Ces deux dernières ſont admirables, la première n'a aucune ſorte de mérite.

L'Architecture étant déchue au point où nous la montrent les plus beaux monumens du règne de Conſtantin, en quel état devoit-elle donc être ſous le règne de Juſtinien? pour en juger, je ne voudrois que ce ſeul trait : c'eſt que dans la pompeuſe deſcription de Sainte-Sophie que nous a laiſſée Procope qui l'avoit vu conſtruire, on ne trouve aucun des termes d'Architecture en uſage dans le bon tems, & qui peignent chaque partie d'une Ordonnance Grecque. A la place de ces termes conſacrés, on en trouve de barbares qui ont exercé plus d'un Commentateur, & n'ont aucune analogie avec ce qu'on leur fait ſignifier. Une pareille corruption dans le langage de l'Art en ſuppoſe une très-grande dans l'Art même. Procope & les Auteurs qui l'ont ſuivi ne nous parlent ni de Corinthien, ni d'Ionique, ni de Dorique; ni d'aucun des ornemens propres de ces ordres; c'eſt qu'il n'y a rien de tout cela dans Sainte-Sophie. Or, 1°. un édifice où il n'y a rien de tout cela n'eſt point un édifice à la Grecque : 2°. Un grand édifice, où l'on n'a point employé quelqu'un des Ordres Grecs, aura difficilement cette élégance qui en dépend; & il aura presque nécessairement tous les défauts qui naissent de l'inobservation des bonnes règles auxquelles on substitue le caprice; & il s'agit de prouver, en ajoutant le raisonnement au fait, que Sainte-Sophie n'est point un Temple à la Grecque; que par conséquent en genre d'Architecture, cette Eglise ne peut entrer en parallèle qu'avec le Gothique, vu la date de sa construction, & qu'elle n'a droit à la préférence que sur le Gothique (1).

2°. Si tous les Auteurs qui nous ont donné des descriptions de Sainte-Sophie,

---

(1) Il en faut dire autant de Saint-Marc de Venise, qui n'est guères qu'une copie en petit de Sainte-Sophie. Les Vénitiens devenus maîtres de la Morée & d'une partie de l'Archipel en transportèrent chez eux une prodigieuse quantité de tronçons de colonnes qui furent employés avec profusion & sans choix à décorer leur Chapelle Ducale. Tout y est de mauvais goût; ce qui n'empêche pas le Bourgeois Vénitien de mettre l'Eglise de Saint-Marc au-dessus de tout ce qu'il y a ailleurs de beau en ce genre.

avoient été Architectes, ou avoient eu une bonne connoissance de l'Architecture, leurs descriptions seroient plus précises, & il faudroit s'en rapporter à leur jugement; mais quelle confiance méritent la plûpart de ceux qui parlent de ce Temple? Parmi les anciens ce sont des Grecs, naturellement vains, flateurs à gages, enthousiastes ridicules qui ne parlent que par hyperboles, & n'ont pas honte de faire intervenir dans la construction de Sainte-Sophie des espèces de Fées, des *Revenans*, *&c.*

Procope commence par nous représenter Anthémius comme le plus fameux Architecte, le plus habile méchanicien de l'univers; & pour faire honneur à Justinien d'un conseil dont on n'apperçoit ni la justesse, ni la solidité, il fait de cet Anthémius un parfait ignorant. Voici le fait. On travailloit à la grande arcade du côté de l'Orient destinée à une partie de la Coupole, lorsqu'on s'apperçut qu'un des piliers qui soutenoit cette arcade s'ouvroit & menaçoit ruine. A cette vue Anthémius se désespére & ne trouve dans sa profonde méchanique aucune ressource pour empêcher l'écroulement de l'édifice. Juſtinien ſe porte ſur les lieux, & tout d'un coup *inſpiré d'en-haut*, il dit: *qu'on acheve l'arcade, & elle n'aura plus beſoin de piliers.* Les Architectes apprécieront la valeur de cet oracle, pour moi je n'y trouve qu'un trait d'adulation de la part de Procope; & voilà où en ſont à-peu-près tous les anciens Hiſtoriens de Sainte-Sophie, leſquels d'ailleurs n'énoncent que les choſes les plus vagues.

Parmi les modernes, ce ſont des Voyageurs communément peu inſtruits, & qui dans leurs relations ſe contentent de nous dire: *Que Sainte-Sophie eſt un Temple magnifique, qu'on voit de belles colonnes dans Sainte-Sophie, &c.* J'excepte Grelot, qui a véritablement examiné cet édifice en connoiſſeur. Voilà pourquoi il ne s'enthouſiaſme point, & nous donne des lumières.

Voici encore un trait de ce que peut le préjugé quand il s'agit d'édifices antiques, & qu'on n'a point une connoiſſance aſſez exacte de l'Architecture & de ſon hiſtoire. On feroit un volume des Diſſertations publiées en Italie, pour prouver que l'Egliſe de Saint-Jean de Florence fut un Temple de Mars, érigé sous l'Empire d'Auguste & en mémoire de la victoire d'Actium. Sa forme est antique, disoit-on, on y voit des colonnes comme dans le Panthéon de Rome, & quelle profusion de doctrine pour prouver tout cela! Enfin Clément de Nelli, laissant à part toutes les Archives du peuple Romain, se contente d'examiner les colonnes, les chapiteaux, les entablemens, les arcades, la correspondance & le travail de toutes les parties de détail du Temple, & démontre en deux pages, que le prétendu Temple du siècle d'Auguste n'est qu'une rapsodie du sixième siècle.

Qu'est-ce donc enfin que Sainte-Sophie? Un édifice qui, selon toutes les Relations, a beaucoup de majesté, qu'il tire sans doute de sa forme en Croix Grecque; où la richesse des marbres, des métaux, des pierres précieuses suppléeoit dans les tems de Barbarie au bon goût de l'exécution; où de toutes les parties d'un Ordre Grec, on ne voit que des fûts de colonnes, d'une belle proportion, si les colonnes ont été tirées de Rome & des anciens monumens, mais très-peu exacte, si les colonnes ont été façonnées ſous Juſtinien ; un édifice enfin qui avec 270 pieds de long d'une part, 240 de l'autre, avec ſa Coupole de 180 pieds de haut, avec ſes ſalles & ſes portiques s'emboîteroit dans Saint-Pierre de Rome.

J'ai dit que Sainte-Sophie tiroit ſa majeſté de ſa belle forme ; & c'eſt ſur quoi je haſarde quelques réflexions, ne fût-ce que pour compenſer un peu le mal que j'ai dit du reſte. Anthémius prit des Anciens l'idée de ſa Coupole, parce que les Temples Sphériques étoient très-communs chez les Anciens ; mais il ne dut qu'à lui l'idée d'élever une Coupole dans les airs, de lui donner pour baſe immédiate, au-lieu de la terre, quatre arcades, & de réunir dans le même édifice la forme quarrée & la forme circulaire. L'uſage des Chrétiens étant de diſpoſer leurs Temples en Croix, Anthémius avoit à choiſir une Croix à quatre branches égales appellée par nous Croix Grecque, & une Croix dont une des branches fût beaucoup plus longue que les autres, & que nous nommons Croix Latine. L'Architecte ſe décida pour la première, peut-être parce qu'elle étoit plus usitée dans l'Orient; mais je veux lui faire un mérite de son choix, & croire qu'il se détermina pour la Croix Grecque, parce qu'il vit qu'elle convenoit incomparablement mieux à sa Coupole, que la Croix Latine. La raison, à ce qu'il me semble, est que la première forme met dans l'édifice un accord que ne lui donne pas la seconde.

En élevant une Coupole en l'air, on ne fait qu'étendre un peu l'idée d'une Coupole portant immédiatement sur la terre. Cette Coupole doit donc être toujours censée la partie principale de l'édifice où on l'emploie; les branches de la Croix dont elle fait le centre, ne doivent passer que pour la base sur laquelle elle pose; les côtés de cette base doivent donc être tellement exacts, qu'ils puissent être inscrits dans une figure régulière équilatérale, qu'ils donnent par exemple un quarré parfait, & non pas un quarré long sans quoi la base est irrégulière relativement à la Coupole, & dérange tous les rapports des autres parties. Des exemples rendront plus sensible ce que je veux dire.

Nous avons dans notre Capitale deux Temples dignes de figurer dans quelque Ville d'Italie que ce ſoit, le Val-de-Grace & le Dôme des Invalides. Je n'examine point lequel l'emporte ſur l'autre par la forme extérieure & par la richeſſe des ornemens; je n'enviſage dans l'un & l'autre que le plan. Il eſt sûr qu'un étranger qui ne ſeroit pas prévenu que l'Egliſe du Val-de-Grace a une Coupole, ne s'attendroit pas en y mettant le pied à en trouver une, puiſque de la porte d'entrée il ne l'apperçoit pas aſſez diſtinctement pour n'être pas ſurpris quand il y arrive. Cette Coupole ne paroît donc entrer pour rien d'eſſentiel dans la conſtruction du Temple, ne donne par elle-même aucune majeſté à l'enſemble, & n'eſt à la rigueur qu'une pièce d'ornement pour le Sanctuaire, puiſque les autres parties ne s'y rapportent pas.

Paſſons au Dôme des Invalides, qui eſt en Croix Grecque, & entrons-y par la Porte Royale. Le premier objet qui ſe préſente à l'œil eſt la Coupole même; à quelque point qu'on ſe place, on la voit toujours. Pour l'effet, il n'eſt pas néceſſaire que la Porte ſoit où elle eſt, elle ſeroit auſſi-bien dans quelqu'une des trois autres branches. Retranchez la Nef du Val-de-Grace, la Coupole n'y perdra rien; une branche de moins à la Croix du Dôme des Invalides dérangeroit abſolument l'harmonie de tout l'édifice. Pourquoi? c'eſt que dans celui-ci l'Architecte a tout rapporté à la Coupole, dont il a fait, non pas un ornement pour le Temple, mais le corps même du Temple, auquel toutes les autres parties devoient conduire l'œil. De là, cette nobleſſe, cette grandeur, cette légèreté qui ſaiſit lorſqu'on entre dans ce beau monument, & qu'aſſûrément il n'auroit pas, s'il étoit joint à l'Egliſe, & ſi pour y arriver il falloit traverſer une longue Nef.

Il ne faut pas dire que les branches d'une Croix Grecque, prolongées juſqu'à un certain point, auroient un effet auſſi peu avantageux pour la Coupole, que la Nef d'une Croix Latine. On ſuppoſe que l'Architecte poſſéde bien ſon Art, & qu'il a du goût. Avec ces qualités il verra, qu'il faut étendre le diamètre de ſa Coupole à proportion qu'il prolongera les branches de la Croix. C'eſt même ſur ce diamètre qu'il doit règler les dimenſions de tout le reſte. La Coupole de Saint-Pierre de Rome eſt immenſe ; mais elle ſeroit encore trop petite, ſi changeant ce Temple en Croix Grecque, on donnoit à toutes les branches la longueur de celle qui forme aujourd'hui la Nef. Auſſi Michel-Ange n'avoit-il fait qu'une Croix Grecque. Dans la ſuite il parut néceſſaire d'étendre ſon plan, on allongea la Nef. Il arrive delà qu'en entrant dans la Baſilique, on n'apperçoit qu'une petite partie du grand entablement ; que la naiſſance du tambour de la Coupole ſe développe en grande partie, lorſqu'on eſt au point de la Nef où devoit être la porte dans le plan de Michel-Ange. Au moins l'œil ſaiſit de cet endroit l'idée de l'Architecte, & la liaiſon qu'ont avec la Coupole toutes les parties qui la ſoutiennent & l'accompagnent.

Un autre avantage de la Croix Grecque avec une Coupole, c'eſt que le Temple conſervant toutes ſes graces & toute ſa légèreté dans l'intérieur, préſente à l'extérieur les proporrions les plus agréables. Je renvoie encore ſur ce dernier point au Dôme des Invalides. Qui n'a point admiré la Coupole de Saint-Pierre vue par-dehors du côté du Midi, de l'Occident & du Nord ? eſt-il rien de comparable à la majeſté de cette maſſe à laquelle le rond-point, & les branches du Temple paroiſſent ſervir uniquement de baſe ; point de beautés maſquées, tout concourt à donner à l'enſemble une forme pyramidale qui n'a rien d'affilé, ni de peſant. La Gravure embellit ordinairement ce qu'elle traite ; ici elle eſt au-deſſous de la réalité. Mais elle reprend ſes droits, en repréſentant la même Coupole du côté de l'Orient, c'eſt-à-dire, du côté du portique. Il s'en faut beaucoup que ce morceau paroiſſe delà tout ce qu'il eſt, comme des autres points de vue que j'ai indiqués. La cauſe de cette différence eſt, que la Nef en s'allongeant laiſſe tellement en arrière la Coupole ; qu'une partie du tambour eſt néceſſairement maſquée par le portique, quoique celui-ci ſoit beaucoup trop bas pour ſa largeur. Qu'un étranger s'étonne que ce portique ne ſoit pas plus élevé,

Saint-Pierre de Rome du côté de l'Occident ou du chevet.

on ne manque pas de lui dire qu'avec plus d'élévation il eût empêché de voir la Coupole, & cela est vrai. Mais qu'on jette les yeux sur les dessins de Michel-Ange, & l'on verra que son portique a toute la hauteur qui lui convient, & que loin de nuire à la Coupole, il la fait valoir. C'est d'après ces observations, que je n'ai garde pourtant de donner pour des préceptes, qu'en blâmant l'exécution de Sainte-Sophie, j'ai cru devoir en louer le dessin, parce qu'il m'a paru être la cause de cette majesté que toutes les Relations donnent à l'édifice.

Qu'eût donc fait Anthémius, si, avec le génie qu'il avoit reçu de la nature, il eût trouvé la bonne Architecture florissante à Constantinople ? par combien de beautés n'eût-il pas relevé l'idée déja si belle de son Temple ? il en eût fait disparoître tout ce qui sent la maçonnerie ; de huit piliers, il n'en eût conservé que quatre, ceux qui devoient porter la Coupole, & il leur eût donné une forme susceptible d'ornemens réguliers, la triangulaire par exemple. Parmi les Ordonnances Grecques en usage dans le bon tems, il il auroit choisi la plus délicate & la plus riche, la Corinthienne. Dans l'intérieur, il auroit adopté pour sa Croix un seul ordre de colonnes règnant tout autour du Temple, & formant un péristile continu. Quel effet n'eût point eu une pareille distribution ? Dans quelque branche de la Croix qu'on se fût placée, l'œil ne trouvant point d'obstacles, auroit percé à travers les entre-colonnemens dans les branches de la droite & de la gauche, y auroit erré au milieu d'une forêt de colonnes fièrement plantées. J'ai dit qu'Anthémius n'auroit employé dans tout son Temple d'autres piliers que ceux qui étoient destinés à soutenir la Coupole ; mais son goût puisé dans les Ouvrages des plus grands Maîtres lui auroit fourni des ressources pour décorer ce qu'avoit d'ignoble une maçonnerie absolument nécessaire. Pense-t-on qu'il y eût employé des pilastres ? Non, ces pilastres auroient déparé tout le reste & rompu l'harmonie du péristile. Des colonnes de même proportion que les autres, placées sur la même ligne, mais un peu engagées, auroient augmenté la richesse de la Coupole,

& établi un parfait accord dans l'ordonnance générale.

Supposons à présent qu'Anthémius eût imaginé d'élever son périſtile sur un escalier de cinq marches, afin que le Prince s'y rendant avec sa Cour pour adorer l'Eternel & le remercier de ses bienfaits, trouvât un libre paſſage, l'intérieur du périſtile étant deſtiné à recevoir la foule du peuple; outre la commodité de cette espèce d'Amphithéâtre dans les cérémonies publiques, quelle nobleſſe ces marches n'euſſent-elles pas donné aux colonnes mêmes, & aux portiques. Je ne pouſſerai pas plus loin mes conjectures sur les diverses espèces de beautés qu'Anthémius eût répandues dans l'intérieur & l'extérieur de son Temple. Aſſurément il eſt à croire, qu'à l'entrée, il eût conſtruit, non pas une façade, ou trop plate en n'y employant que des pilaſtres, ou peu naturelle en plaçant pluſieurs Ordres l'un sur l'autre, mais un portique *exaſtyle* ou *octoſtyle*. Pour deviner à-peu-près ce qu'auroit fait ce célèbre Architecte, il nous ſuffit de ſçavoir qu'il avoit du génie; nous le ſuppoſons né dans les beaux jours de

nes, de Rome, & rien n'y échappa à ſes recherches. Tout fut meſuré, comparé, deſſiné. Le premier fruit de ſon travail, comme la première lueur du beau jour qui alloit naître, fut la diſtinction des cinq Ordres en uſage chez les Anciens; diſtinction fixée par la différence entre les proportions & les ornemens propres de chaque Ordre; diſtinction ſi eſſentielle, qu'il vaut mieux s'y tenir à la rigueur, au riſque peut-être d'un peu de Monotonie, que de faire des mélanges d'Ordres avec un danger évident de replonger l'Architecture dans la confuſion.

Sainte-Marie *del Fiore* de Florence.

Outre le plaiſir d'arriver à ce beau qu'il avoit entrevu, Brunelleſchi avoit un ſecond objet dans ſes recherches. Le Temple de Sainte-Marie *Del Fiore* de Florence, vaiſſeau Gothique, étoit imparfait, & la partie qui reſtoit à conſtruire faiſoit le déſeſpoir des Architectes. Il s'agiſſoit de réunir les voûtes des quatre branches de la Croix, ou par une voûte en cul de four qui ne s'élevât point au-deſſus du comble, ou par une Coupole. L'une & l'autre manière préſentoient de grandes difficultés. La première paroiſſoit être l'idée de l'ancien Architecte; Brunellefchi affez jeune encore penfa à la feconde, & ce fut à l'exécution de ce terrible morceau qu'il dirigea fes plus profondes obfervations. Il étudia dans les monumens Antiques la coupe des pierres, & leur enchaînement ; il en analyfa toutes les efpèces de voûtes & d'arcades ; il examina l'arrangement des briques & la compofition des liaifons : les plus petits détails ne lui parurent pas à négliger, parce que l'ouvrage qu'il méditoit devoit lui en offrir de toutes fortes. Par fes recherches & fes réflexions, il fe fit des principes fi folides, une théorie fi étrangère à fon fiècle, & d'une pratique fi sûre, qu'au milieu d'une affemblée d'Architectes appellés de toutes les parties de l'Europe pour délibérer fur les moyens d'achever le Temple de Sainte-Marie, il ne craignit pas d'avancer, que lui feul les connoiffoit, & pouvoit réuffir dans l'entreprife. On le railla quand on l'entendit propofer une Coupole d'un fi grand diamètre ; on ne le comprit pas, quand il dit qu'il en feroit deux l'une emboîtée dans l'autre, & laiffant entre elles un grand vuide ; mais

1377. Ce n'eſt point ici le lieu de m'étendre ſur la vie de cet homme illuſtre ; il ſuffit de remarquer ſes principaux talens, & l'uſage qu'il ſçut en faire ; uſage qui le diſtingue de tous ſes prédéceſſeurs, & met entre eux & lui une diſtance immenſe. Brunelleſchi avoit le génie qui perfectionne les Arts, & y fait de nouvelles découvertes ; génie qui n'imagine qu'en grand, apperçoit pluſieurs objets à la fois ſans les confondre, les ſaiſit tout d'un coup ſans efforts, s'allume à la vue des difficultés, les cherche même quelquefois, sûr qu'il eſt d'en triompher. Il avoit outre cela cette ambition qui convient aux Artiſtes, celle de ſervir ſa patrie, & de s'immortaliſer par des ouvrages utiles.

Telle étoit la manière de bâtir dans le tems qu'il naquit, qu'on peut dire qu'il étoit né au milieu de la Barbarie ; quoiqu'elle touchât à ſa fin. Plus indépendant, plus obſervateur que les Architectes ſes Contemporains, il ne ſe laiſſa ni ſubjuguer par le goût règnant, ni ſéduire par les mauvais modèles quoiqu'accrédités. Son œil perça au-delà de ce qu'il voyoit de plus célèbre dans ſon pays & dans ſon ſiècle. Avant lui, des milliers d'Artiſtes avoient ſans doute conſidéré les reſtes de l'ancienne Rome, mais ils n'y avoient apperçu que du marbre, de la pierre & de la brique. Ceux qui peut-être y avoient découvert quelque choſe de plus, n'avoient pas pris le ſeul moyen capable de leur rendre leurs découvertes utiles ; je veux dire le ſoin de meſurer les monumens Antiques, de combiner les rapports de chaque partie entr'elles, de comparer les hauteurs d'un entablement avec la longueur des colonnes, de ſaiſir les formes, les vrais contours, la ſuite des différentes moulures qui donne les beaux profils &c. petits objets en apparence, mais dont il réſulte tant de graces. Ils copioient, mais à l'œil, ſans faire uſage de la règle & du compas. Sans bons principes de deſſin, ils travailloient de pratique, ſi je puis appliquer à l'Architecture un terme conſacré pour la Peinture. Il arrivoit delà que leurs édifices, en retraçant les Ordres Grecs & Romains, n'en avoient ni l'exactitude, ni la légereté, ni l'élégance, ni l'harmonie. Brunelleſchi fit ce qu'on n'avoit point fait juſqu'alors : il s'enſévelit dans les ruil'Architecture, il auroit eu du goût. En travaillant pour un Prince religieux & magnifique, pour la Capitale d'un grand Empire, pour des Citoyens souvent favorisés des secours les plus signalés de la Providence, vertueux lui-même & honorant son Art par sa probité, Anthémius auroit déployé tous ses talens, & construit à Constantinople un monument digne de Rome.

Fin de la première Partie.

www.ingramcontent.com/pod-product-compliance
Lightning Source LLC
LaVergne TN
LVHW020601230826
846091LV00002B/566

* 9 7 8 2 0 1 3 0 9 8 0 2 1 *